NTE　　　　　　　　　FUTURO

BRUXARIA
e TARÔ

Título do original: *The Witch of the Forest's Guide to Tarot Magick*.

Copyright do texto © 2023 Lindsay Squire.

Copyright © 2023 Quarto Publishing.

Publicado pela primeira vez em 2021 pela Leaping Hare Press, uma impressão de The Quarto Group.

The Old Brewery, 6 Blundell Street – Londres, N7 9BH, Reino Unido

Fone (0) 20 7700 6700

www.QuartoKnows.com

Copyright da edição brasileira © 2024 Editora Pensamento-Cultrix Ltda.

1ª edição 2024. / 1ª reimpressão 2025.

Todos os direitos reservados. Nenhuma parte deste livro pode ser reproduzida ou utilizada de qualquer forma ou por qualquer meio, eletrônico ou mecânico, incluindo fotocópia, gravação ou por qualquer armazenamento de informação e sistema de recuperação, sem permissão por escrito da Leaping Hare Press.

Todos os esforços foram feitos para rastrear os detentores dos direitos autorais do material citado neste livro. Se o pedido for feito por escrito à editora original, quaisquer omissões serão incluídas em edições futuras.

A Editora Pensamento não se responsabiliza por eventuais mudanças ocorridas nos endereços convencionais ou eletrônicos citados neste livro.

As informações deste livro são apenas para fins informativos e não devem ser consideradas um substituto para o aconselhamento profissional, a consulta médica ou qualquer medicação ou outro tratamento prescrito por um médico; sempre consulte um profissional de saúde. Qualquer uso das informações deste livro é de responsabilidade e risco do leitor. O autor e o editor não garantem a precisão, a integridade ou a adequação para um propósito específico do conteúdo deste livro e excluem toda responsabilidade na medida permitida por lei por quaisquer erros e omissões e por qualquer lesão, perda, dano ou despesa sofridos por qualquer pessoa decorrentes do uso ou uso indevido das informações deste livro, ou de qualquer falha em buscar aconselhamento médico profissional.

Ilustrações da Capa e do Miolo Viki Lester da Forensics & Flowers.

Design Gráfico Georgie Hewitt.

Impresso na China.

Editor: Adilson Silva Ramachandra
Gerente editorial: Roseli de S. Ferraz
Gerente de produção editorial: Indiara Faria Kayo
Editoração eletrônica: Join Bureau
Revisão: Luciane Gomide

Dados Internacionais de Catalogação na Publicação (CIP)
(Câmara Brasileira do Livro, SP, Brasil)

Squire, Lindsay
    Bruxaria e tarô: guia prático para entrar em sintonia com o poder mágico dos 78 arcanos / Lindsay Squire; ilustrado por Viki Lester; tradução Denise de Carvalho Rocha. – 1. ed. – São Paulo: Editora Pensamento, 2024.

    Título original: The witch of the forest's guide to tarot magick
    ISBN 978-85-315-2328-1

    1. Bruxaria 2. Tarô I. Lester, Viki. II. Título.

23-171881   CDD-133.32424

Índices para catálogo sistemático:
1. Tarô: Artes divinatórias 133.32424
Cibele Maria Dias – Bibliotecária – CRB-8/9427

Direitos de tradução para o Brasil adquiridos com exclusividade pela
EDITORA PENSAMENTO-CULTRIX LTDA., que se reserva a
propriedade literária desta tradução.
Rua Dr. Mário Vicente, 368 – 04270-000 – São Paulo – SP – Fone: (11) 2066-9000
http://www.editorapensamento.com.br
E-mail: atendimento@editorapensamento.com.br
Foi feito o depósito legal.

LINDSAY SQUIRE
Ilustrado por VIKI LESTER

BRUXARIA E TARÔ

Guia prático para entrar
em sintonia com o poder
mágico dos 78 Arcanos

Tradução
Denise de Carvalho Rocha

Editora
Pensamento
SÃO PAULO

SUMÁRIO

COISAS PARA VOCÊ SABER ANTES DE LER ESTE LIVRO   8

1.
Comece a sua Jornada com o Tarô   11

2.
O Tarô na Prática   25

3.
Os Arcanos Maiores   39

4.
Os Arcanos Menores 85

5.
As Tiragens de Tarô 143

6.
Encantamentos e Rituais com o Tarô 153

CONCLUSÃO 173
LEITURAS RECOMENDADAS 173
ÍNDICE 174
AGRADECIMENTOS 176

INTRODUÇÃO

O tarô tem sido uma paixão desde os primeiros dias em que me tornei Bruxa. Ele foi o primeiro tipo de método divinatório que experimentei e ainda é o meu favorito. Já sou Bruxa e taróloga há mais de dez anos e ofereço leituras profissionais há cerca de cinco anos. Acredito que o tarô possa nos ajudar a descobrir nossos verdadeiros sentimentos e a nos compreender em um nível mais profundo. É um equívoco comum pensar que as cartas de tarô preveem o futuro. Elas, na verdade, oferecem orientação espiritual e nos ajudam a nos conectar com a nossa própria sabedoria interior para obter uma melhor compreensão das circunstâncias que vivemos.

O baralho de tarô é composto por 78 cartas, cada uma com seu próprio significado e simbolismo. Cada baralho é dividido em duas partes: os Arcanos Maiores (22 cartas) e os Arcanos Menores (56 cartas). Para mim, aprender tarô é como aprender outro idioma. É preciso tempo, paciência e perseverança, mas, com prática e dedicação, você pode se tornar fluente.

Lembro-me de ter encomendado meu primeiro baralho pela internet e depois esperar ansiosamente pela sua chegada. Meu primeiro baralho foi o clássico Waite-Smith. Escolhi esse tarô depois de muita pesquisa, porque as ilustrações de cada carta contêm tanto simbolismo que servem como dicas para seus significados, o que foi muito útil quando eu estava aprendendo. Com base na minha própria experiência, incluí imagens das cartas do meu próprio baralho de tarô neste livro (desenhadas pela incrível Viki Lester @forensicsandflowers), que é baseado no clássico Waite-Smith. Falarei mais sobre o uso do simbolismo para aprender tarô na página 26.

Quando peguei um baralho de tarô pela primeira vez nas mãos, fiquei muito animada, mas também confusa e ansiosa: aprender os significados de cada uma das 78 cartas, tanto na posição normal quanto na invertida, parecia uma tarefa gigantesca e eu não sabia por onde começar. Ao longo dos anos, descobri que essa é uma reação natural, sobretudo se você está começando sua jornada na Bruxaria também. É um momento em que há muito para aprender, e com o tarô não é diferente. Este livro surgiu porque eu queria escrever para as Bruxas que estão no início da sua jornada com o tarô e ajudá-las a desvendar os significados de cada carta de uma forma que ficasse mais fácil de se lembrar deles. Eu também queria abordar questões mais práticas, como a melhor maneira de escolher o primeiro baralho, como se conectar com as cartas, cuidar delas e como começar a fazer leituras para si mesma e para os outros.

Espero que este livro cumpra o que promete e torne o sistema místico do tarô mais acessível. Cada pessoa tem seu próprio estilo de aprendizado único, por isso este livro vai apresentar diferentes métodos para conhecer todas as cartas, utilizando a Numerologia, percorrendo a Jornada do Louco e usando a simbologia contida em cada carta para possibilitar uma compreensão mais profunda dos seus significados. Ele também explorará a importância da intuição ao ler o tarô e como usar a energia e o poder das cartas em trabalhos de magia.

Nem todas as Bruxas leem tarô e nem todas as leitoras de tarô se identificam necessariamente como Bruxas. O fato de você ser uma Bruxa não significa que leia tarô; muitas Bruxas optam por não fazer isso por algum motivo, e está tudo bem! Essa é uma escolha pessoal e você não é menos Bruxa só porque não tem vontade de aprender a ler o tarô.

Não importa em que ponto de sua jornada com o tarô você esteja, de qualquer modo espero que este livro possa ajudá-la ao longo do caminho. É uma verdadeira honra poder acompanhar você nesta etapa da sua jornada, assim como você sempre esteve presente na minha.

Lindsay

COISAS PARA VOCÊ SABER ANTES DE LER ESTE LIVRO:

O tarô nem sempre serve para prever o futuro

"Adivinhação" é a arte de obter conhecimento oculto usando instrumentos de interpretação como as cartas de tarô. Mas, contrariando a crença popular, a leitura do tarô não serve para prever o futuro. As cartas de tarô nos mostram as possíveis consequências de uma situação, uma vez que o futuro é fluido e não está definido. Caso as cartas revelem algo de que não gostamos, temos o poder de mudar o nosso futuro, pois somos nós que o criamos. Elas podem nos ajudar a navegar pela vida e a refletir sobre coisas que talvez não tenhamos considerado antes.

O que é cartomancia?

A cartomancia é uma arte de adivinhar que utiliza um baralho comum de 52 cartas. Ela tem sido usada para "prever o futuro" desde meados do século XIV e era um passatempo popular nas cortes reais da Europa. É a partir dela que o baralho de tarô de hoje evoluiu.

Qual a diferença entre a cartomancia e o tarô?

As cartas da cartomancia quando usadas para adivinhação tendem a fornecer respostas mais claras, enquanto as cartas de tarô podem ter muitos significados ocultos. Com as cartas de tarô, a intuição desempenha um grande papel na leitura, pois ela capta as energias sutis das cartas. Isso significa que as leituras de tarô costumam ser muito mais detalhadas e aprofundadas em comparação com as leituras da cartomancia.

O começo da sua jornada com o tarô não precisa ser difícil

Aprender o significado de todas as 78 cartas pode parecer uma tarefa impossível, mas não precisa ser assim! Comece com calma e reserve dez minutos para tirar uma carta por dia (veja a página 20), pois assim ficará mais fácil. Isso também ajudará você a incorporar a prática do tarô à sua rotina diária.

Você não precisa ter vários baralhos de tarô

Embora muitos tarólogos acabem tendo mais de um baralho, quando você começa sua jornada com o tarô, isso não é necessário. Escolha um baralho que "fale" com você (veja a página 13) e se atenha a ele enquanto aprende, para que possa desenvolver uma relação com as cartas. Você também pode usar o mesmo baralho para qualquer feitiço de tarô que realizar, embora algumas Bruxas prefiram ter um baralho separado para trabalhos mágicos, mas faça o que parecer melhor para você.

Sua intuição é seu instrumento de tarô mais poderoso

A intuição é algo poderoso e desempenha um papel muitíssimo importante nas leituras de tarô. Ela nos ajuda a compreender as energias sutis das cartas, porque permitimos que nossos sentimentos guiem nossa interpretação dos significados das cartas. É importante aprender os significados básicos de cada carta do baralho, mas também é importante usar a intuição. Ela pode servir como uma chave para desvendar os mistérios das cartas, sobretudo se você estiver se sentindo perdida e não souber por onde começar.

Você não precisa ler as cartas para outras pessoas para ser uma leitora de tarô

Ler para si mesma já a torna uma leitora de tarô, independentemente de ler para os outros ou não! Não há uma regra que diga que todos os leitores de tarô devem ler para outras pessoas, além de si mesmos, então não se sinta pressionada a fazer isso se não sentir vontade.

O tarô é uma habilidade que pode ser aprendida

Se você está comprometida com sua jornada de tarô, pode aprender os significados e as energias das cartas. Você não precisa ter habilidades psíquicas especiais para aprender a ler o tarô, pois ele é acessível a todos. Embora alguns leitores tenham habilidades psíquicas naturais, isso não é uma necessidade quando se trata da leitura do tarô, pois muitas dessas habilidades podem ser aprendidas, aprimoradas e praticadas.

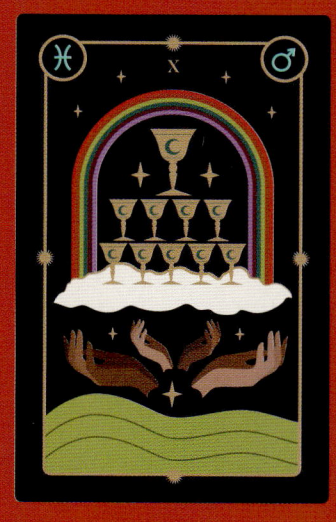

O LOUCO

O MUNDO

1
COMECE A SUA JORNADA COM O TARÔ

A sua jornada com o tarô começa quando você sai em busca do seu primeiro baralho. Neste capítulo, vamos explorar algumas dicas principais para você escolher o seu próprio baralho de tarô e encontrar cartas com as quais você se conecte e se sintonize.

Você pode já ter ouvido falar que não deve comprar seu próprio baralho e que isso pode afetar o modo como você cria um vínculo com as cartas. Vamos debater os dois lados dessa alegação para que possa decidir por si mesma o que funciona melhor para você e sua prática. Depois de encontrar um baralho com o qual se conecte, ou se você já tem um baralho, saiba que o modo como cuida dele e cria um vínculo com as cartas é uma parte importante do seu aprendizado sobre os mistérios do tarô. Uma parte deste capítulo é dedicada aos diferentes métodos e práticas que ajudarão a aprofundar sua conexão inicial com o baralho e a auxiliarão a entrar em sintonia com as energias das cartas.

Também vamos apresentar uma variedade de métodos diferentes e práticos para você testar e aprender os significados de cada carta, incluindo o método que funcionou para mim, pois pode ser útil para você também. Os oráculos são outra forma conhecida de adivinhação e, embora este livro seja sobre tarô, abordaremos suas diferenças e semelhanças.

Lembre-se de que o tarô é uma jornada para a vida inteira, então não sinta que precisa aprender tudo de uma vez. Vá com calma.

A COMPRA DO SEU PRIMEIRO TARÔ

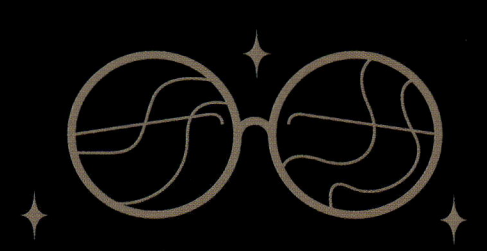

Faça uma pesquisa. Veja quais baralhos estão à venda e quais estilos ou desenhos chamam mais a sua atenção.

Encontre uma loja que venda baralhos de tarô, para que você possa olhar e segurar as cartas nas mãos. Sinta a energia de cada tarô e deixe-se guiar pela sua intuição.

Não há nada de errado em comprar seu baralho pela internet! Apenas certifique-se de fazer uma pesquisa antes de comprar.

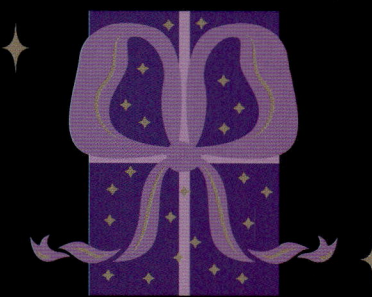

Existe a crença de que você deve receber o seu tarô de presente, em vez de comprá-lo, mas isso é superstição!

Não se preocupe se ainda estiver em dúvida! O tarô Waite-Smith é uma boa escolha. É um clássico e a maioria dos baralhos modernos é baseada nele.

A ESCOLHA DE UM TARÔ

A escolha de um tarô é algo muito pessoal. Existem diversos baralhos no mercado, desde clássicos até modernos, coloridos ou monocromáticos, abstratos ou tradicionais, mas você deve escolher aquele pelo qual sente mais atração.

O primeiro passo é fazer uma pesquisa. Procure se informar sobre quais baralhos estão à venda para que você possa identificar aqueles pelos quais se sente mais atraída. Se possível, encontre uma livraria ou loja esotérica onde possa ver fisicamente uma variedade de baralhos diferentes e segurá-los nas mãos para avaliar se você se sente atraída por um baralho específico ou por certo estilo de ilustração. Algumas pessoas não gostam de comprar baralhos de tarô pela internet (eu, pessoalmente, nunca tive problemas com isso), mas esteja ciente de que existem falsificações baratas e de má qualidade.

Se, após sua pesquisa, você ainda estiver em dúvida, tudo bem! O tarô Waite-Smith (ou outro que seja baseado nele, como o *Bruxaria e Tarô*) é uma ótima escolha inicial, pois suas ilustrações são ricas em simbolismo, o que pode ser útil para o seu aprendizado. Como comecei a minha própria jornada com o tarô usando o baralho Waite--Smith, eu com certeza o recomendaria como um excelente primeiro baralho.

Acredita-se amplamente que os significados e as energias do tarô Waite-Smith sejam autênticos e, desde o seu lançamento em 1909, ele tem inspirado inúmeros baralhos de tarô. Alguns deles, como o meu próprio *Bruxaria e Tarô* (descrito nos Capítulos 3 e 4), espelham o simbolismo do baralho Waite-Smith. Mesmo os baralhos mais abstratos ainda são baseados no simbolismo do Waite-Smith. Mas essa é uma escolha pessoal. Ouça a sua intuição!

Presenteado ou comprado?

Alguns acreditam que o baralho de tarô deve ser presenteado, não comprado. Segundo essa crença, se você comprar seu próprio baralho, ele não funcionará para você e pode trazer má sorte e energias negativas. Posso dizer com toda sinceridade que isso não tem o menor fundamento!

Uma das possíveis origens dessa crença vem da ideia de que os baralhos de tarô eram passados de geração em geração em vez de serem comprados; portanto, o baralho ganhava poder e energia ao ser passado de um proprietário para o seguinte. Embora a maioria das Bruxas adoraria receber um baralho herdado das avós, esse modo de pensar é impraticável.

Quero deixar claro que comprar seu próprio baralho de tarô é algo perfeitamente aceitável! E dessa maneira você pode comprar as cartas com as quais mais se conectar. Tenho muitos baralhos de tarô, muitos deles escolhidos e comprados por mim, e isso de modo algum me impediu de criar um vínculo com as cartas.

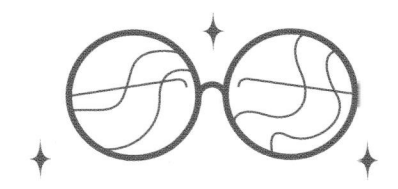

COMO CRIAR UM VÍNCULO
Com o Seu Tarô

Quando se trata de criar um vínculo com o seu baralho de tarô, existem muitos métodos diferentes à sua escolha. Descreveremos aqui as formas mais comuns de se fazer isso, para que você possa escolher as práticas com que mais se identifica.

Mantenha seu baralho sempre por perto

A chave para criar vínculo com o seu primeiro baralho de tarô, ou qualquer outro, é o uso regular e a prática. Embaralhe as cartas, segure-as nas mãos e, o mais importante, faça leituras com elas! Quanto mais você as utilizar, mais vocês se energizarão mutuamente, criando uma conexão. Quando não estiver usando as cartas, procure mantê-las por perto, na bolsa ou no bolso, ou levá-las para o trabalho e colocá-las na sua mesa. Quanto mais tempo você puder passar com o seu baralho, melhor! Apenas certifique-se de tratar as cartas com respeito.

Examine bem as cartas

Desligue o celular e sente-se em um lugar mais reservado. Pegue um caderno e uma caneta, caso queira fazer anotações. Dedique um tempo para examinar cada uma das cartas do seu baralho. O que mais chama a sua atenção? Por quais cartas você sente mais atração? Tenha curiosidade em examiná-lo. Ao abrir a embalagem do seu novo tarô, todas as cartas estarão em ordem numérica, então passe algum tempo olhando cada uma delas enquanto percorre o baralho.

Faça uma meditação visual com as cartas

Fazer uma meditação visual com o seu baralho é uma ótima maneira de conhecê-lo melhor. Escolha uma carta com a qual você se identifique e sente-se em um local confortável. Se houver uma figura humana na carta, imagine-se ao lado dela e trave uma conversa. Pergunte quem ela é e o que está fazendo, observando quaisquer emoções e sentimentos que surjam.

Durma com o seu baralho

Essa é uma das minhas maneiras favoritas de criar um vínculo com um novo baralho. Você pode dormir com o seu baralho debaixo do travesseiro ou colocá-lo em outro lugar perto da cama, como na mesinha de cabeceira. A teoria por trás desse método é que, enquanto dorme, você se conecta com o seu baralho num nível subconsciente, fortalecendo, assim, o seu relacionamento com ele. Isso também faz com que mensagens possam surgir nos seus sonhos.

Entrevista com o baralho de tarô

Essa é uma ótima maneira de examinar as energias do seu baralho. Usando uma tiragem específica, como a que é apresentada na página ao lado, você pode conhecer os pontos fortes e fracos do seu baralho e as lições que ele pode lhe ensinar. Leia mais sobre como fazer uma leitura de tarô para si mesma usando as tiragens da página 144.

PERGUNTAS PARA VOCÊ FAZER AO SEU TARÔ

1. Descreva-se

2. Que lições você pode me ajudar a aprender?

3. Quais são os seus pontos fortes?

4. Quais são os seus pontos fracos?

5. Como posso aprender mais com você?

6. Para quais tipos de leituras você é mais adequado?

7. Que mensagem você quer me transmitir?

COMO CUIDAR DAS SUAS
Cartas de Tarô?

Seu tarô é uma extensão energética de você. Ele permite que você acesse conhecimentos ocultos e mensagens do seu Eu Superior. Como um instrumento que trabalha no nível energético, ele precisa ser bem cuidado para se manter em seu melhor estado. Tratar suas cartas com respeito é uma parte importante desse cuidado. Quando o baralho não estiver em uso, uma boa maneira de protegê-lo das energias do ambiente é mantê-lo coberto, envolvê-lo num tecido ou guardá-lo num saquinho. Para protegê-lo fisicamente, mantenha o baralho num local seguro, longe de olhares curiosos.

Assim como você limpa um cristal antes de usá-lo, também deve fazê-lo com as cartas de tarô. Elas são condutores de energia e qualquer negatividade impregnada nelas deve ser limpa para que a energia possa fluir durante a leitura. Essa é uma forma de higiene espiritual. Recomenda-se que você purifique seu baralho de tarô antes de cada leitura, mas esse não precisa ser um processo complicado! A limpeza é especialmente importante se você comprar ou receber de presente um baralho novo, já que você não sabe quais energias ele acumulou antes de ser seu.

Existem muitas maneiras de limpar um baralho; basta você encontrar a que lhe pareça melhor. Não há um método certo ou errado, desde que você o execute de forma respeitosa. O método mais popular de limpeza é queimar ervas e usar a fumaça para remover qualquer energia negativa. Queimar um feixe de alecrim e losna e usar a fumaça para limpar seu baralho é uma ótima maneira de eliminar quaisquer energias indesejadas. Você também pode colocar seu baralho sobre uma pedra de selenita por 24 horas para limpar profundamente suas energias.

Outro método é ordenar e embaralhar as cartas. Separe os Arcanos Maiores, coloque-os em ordem numérica e, em seguida, disponha os quatro naipes, começando pelo Ás e terminando com o Rei. Olhe para o baralho ordenado por um instante antes de recolher as cartas e embaralhá-las muito bem. Você também pode colocar seu baralho de tarô sobre um leito de sal por 24 horas para fazer uma limpeza profunda, embora algumas horas já sejam suficientes.

Você também pode usar a energia da Lua e do Sol para limpar seu baralho. Num dia ensolarado, coloque as cartas sob a luz do Sol por algumas horas para que recebam um banho solar purificador. Do mesmo modo, numa noite de Lua Cheia, coloque as cartas sob a luz da Lua para um banho lunar purificador.

COMO CUIDAR DAS SUAS CARTAS DE TARÔ

Trate as cartas de tarô com cuidado e respeito.

Queime ervas para purificá-las com a fumaça.

Proteja suas cartas física e energeticamente, guardando-as num local seguro e cobrindo-as quando não estiverem em uso.

Use a luz do Sol e da Lua para um banho solar ou lunar.

Deixe as cartas sobre uma pedra de selenita para limpar suas energias.

Deixe as cartas sobre um leito de sal para fazer uma limpeza profunda.

CONFIE NA SUA INTUIÇÃO

A SACERDOTISA

TARÔ
versus Oráculos

Embora este seja um livro sobre o início da sua jornada com o tarô, outra forma popular de cartomancia (ou seja, adivinhação usando um baralho de cartas) é o oráculo. Se você está nas redes sociais, pode já ter visto várias fotos mostrando lindos baralhos oraculares, mas quais são as diferenças entre essas cartas e as cartas de um baralho de tarô? Ou elas são iguais?

Os baralhos de tarô e os oraculares são diferentes em vários sentidos. A primeira diferença é o número de cartas que cada baralho tem. O baralho de tarô padrão tem 78 cartas que seguem uma estrutura tradicional; são divididas entre os Arcanos Maiores (22 cartas) e os Arcanos Menores (56 cartas). Os Arcanos Maiores contêm cartas como a Morte, a Sacerdotisa e o Louco; os Arcanos Menores vão do Ás ao Rei nos quatro naipes: Copas, Espadas, Ouros e Paus. Os baralhos oraculares são muito menos estruturados; geralmente não contêm naipes da mesma forma que as cartas de tarô e são muito mais livres em suas imagens e significados. Num baralho oracular, não há um número definido de cartas; alguns baralhos são compostos por apenas 15 cartas, enquanto outros têm mais de 100.

A maioria dos baralhos de tarô se baseia no baralho Waite-Smith, portanto a mesma carta, seja qual for o baralho, sempre terá o mesmo significado. Por exemplo, a carta da Estrela sempre representará esperança e fé, independentemente do baralho de tarô ao qual ela pertence. A única diferença entre um baralho de tarô e outro é a forma como o artista escolheu desenhar e retratar cada uma das 78 cartas. Os baralhos oraculares, por outro lado, podem ser baseados em qualquer coisa (deusas, astrologia, plantas, natureza, animais, para citar apenas alguns exemplos) e, como tal, as cartas de cada baralho carregam seus próprios significados, com base no tema do baralho. Os baralhos oraculares não têm regras preestabelecidas assim como os baralhos de tarô, por isso eles podem ter suas próprias regras.

Na leitura oracular, a mensagem das cartas em geral é mais fácil de entender, pois o significado está escrito em algum lugar da carta, o que pode servir como um mantra ou afirmação. A leitura de tarô pode transmitir mensagens mais enigmáticas e por isso mais difíceis de interpretar. Embora o baralho de tarô e o oracular sejam diferentes de várias maneiras, isso não significa que um seja melhor do que o outro. Ambos são formas valiosas e esclarecedoras de cartomancia.

PRIMEIROS PASSOS

TIRAGEM DIÁRIA

A maioria das pessoas acha mais fácil e menos intimidante começar a jornada com o tarô de forma mais modesta. Uma prática útil é reservar um tempo todos os dias para tirar uma carta. Muitas pessoas preferem reservar um tempo todas as manhãs, mesmo que sejam apenas dez minutos, para criar um pequeno ritual diário com o tarô. Você não precisa dedicar horas e horas todos os dias para conhecer as cartas, pois é provável que não consiga manter um compromisso tão intenso. Tirar apenas uma carta por dia é um objetivo muito mais realista e fácil de alcançar.

Eu comecei minha própria jornada com o tarô dessa maneira e achei essa uma prática muito útil para aprender os significados das cartas. A tiragem de uma carta pela manhã serve para você pedir orientação para o dia ou ter ajuda para resolver quaisquer problemas que possa ter. Se a tiragem da manhã não for possível para você, reserve um tempo quando for mais conveniente; não há hora certa ou errada. Se você escolher a noite, pode pedir às cartas para ajudá-la a refletir sobre o dia que passou ou simplesmente refletir sobre a carta que tirou e que relevância ela tem para a sua vida.

Se optar por reservar um momento do dia, diariamente, para tirar uma carta, certifique-se de encontrar um lugar confortável, onde terá privacidade. Algumas pessoas gostam de acender velas ou incenso, mas faça o que mais lhe agradar. Enquanto embaralha as cartas, pense na sua pergunta. Não há uma maneira certa ou errada de embaralhá-las, portanto faça da maneira que lhe parecer mais confortável.

Algumas pessoas têm uma habilidade natural para ler as cartas, enquanto outras acham o tarô um desafio, mas não tenha receio de que o tarô esteja além da sua capacidade; quanto mais você investir no seu relacionamento pessoal com as cartas, mais receberá em troca. Todos temos a capacidade de ler as cartas do tarô usando uma combinação de conhecimento e intuição. Todas as habilidades podem ser desenvolvidas por meio do trabalho árduo, da dedicação e do uso das técnicas e dos métodos corretos.

PRIMEIROS PASSOS COM A SUAS CARTAS

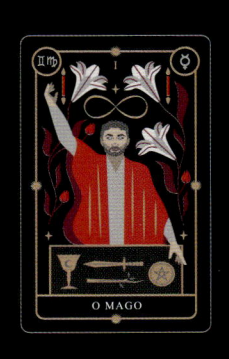

Um bom lugar para começar é reservar ao menos dez minutos para tirar uma carta todos os dias.

Essa prática pode ajudá-lo a entender mais sobre a energia das cartas e seus significados de uma maneira mais fácil.

A leitura diária pela manhã é a preferida de muitas pessoas, mas escolha o horário que funcione melhor para você.

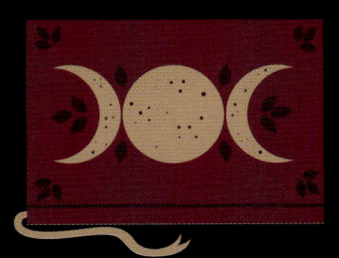

Manter um diário de tarô é um instrumento incrível de autoconhecimento e reflexão, que pode ajudar a aprofundar sua compreensão das cartas.

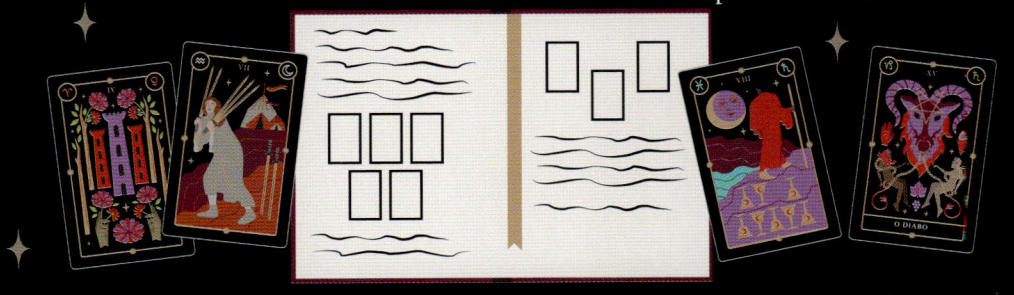

Registre tudo o que estiver relacionado à sua jornada com o tarô: as cartas que você tirou diariamente, suas reflexões sobre as cartas, outras tiragens que realizou e as cartas que tirou em cada situação.

Os exercícios do diário são ótimos se você estiver em busca de orientação (consulte a p. 22). As perguntas apresentadas acrescentam mais estrutura às suas leituras ou reflexões.

PRIMEIROS PASSOS

DIÁRIO DE TARÔ

Outra maneira de começar sua jornada é manter um diário de tarô, no qual você pode escrever seus pensamentos e sentimentos sobre a carta que tirou, bem como quaisquer mensagens intuitivas que possa receber. Você pode registrar reflexões diárias ou tiragens que deseja experimentar enquanto desenvolve suas habilidades com as cartas. Use o diário como uma estratégia pessoal para a autorreflexão e a meditação.

Eu não era o tipo de pessoa que escrevia em diários quando comecei meu primeiro diário de tarô, mas persisti e estou muito feliz por ter feito isso! A decisão de registrar minhas tiragens diárias e até outras leituras que fiz ajudou a expandir minha compreensão da energia associada a cada carta e como ela pode se manifestar. Escrever no diário todos os dias pode ser um hábito difícil de cultivar e manter, mas, com perseverança e disciplina, você pode achar o processo útil e enriquecedor.

Seu diário pode ser qualquer coisa: um bloco de notas, um fichário, parte do seu grimório ou Livro das Sombras ou um simples caderno de capa dura. Assim como você pode usar o diário para registrar qualquer coisa relacionada à sua jornada com o tarô, também pode estruturá-lo da maneira que desejar. Alguns optam por um formato de tópicos; outros incluem imagens ou desenhos das cartas; e alguns incluem exercícios, que podem ser úteis se você precisar de alguma orientação para começar.

Aqui está uma seleção de exercícios para você experimentar em sua tiragem diária:

☾ Quais são os pensamentos que lhe ocorrem quando você vê a carta que tirou? Como ela faz você se sentir?

☾ Descreva a carta em todos os detalhes. Quando você realmente examiná-la, ficará surpresa ao ver como é cheia de detalhes. O que você vê? Algum desses detalhes se destaca? Descreva os personagens da carta. O que eles estão fazendo? Como é o ambiente ao redor?

☾ Você vê algum símbolo na carta que se destaque? Examinar a carta em seus detalhes mudou sua visão inicial dela?

☾ Faça uma pesquisa: quais são as palavras-chave associadas à carta que você tirou? Se você pudesse escolher uma palavra para descrever a energia dessa carta, qual seria?

☾ A próxima dica pode parecer um pouco estranha, mas confie! Se a carta de tarô fosse uma pessoa e pudesse falar, o que ela diria? Se a carta tivesse um conselho para dar, qual seria?

☾ Descreva três coisas que você gosta nessa carta.

☾ Descreva algo que você não gosta nessa carta.

☾ Descreva três coisas que você considera desafiadoras nessa carta.

☾ Como você pode usar a energia geral da carta para ajudá-la em sua vida?

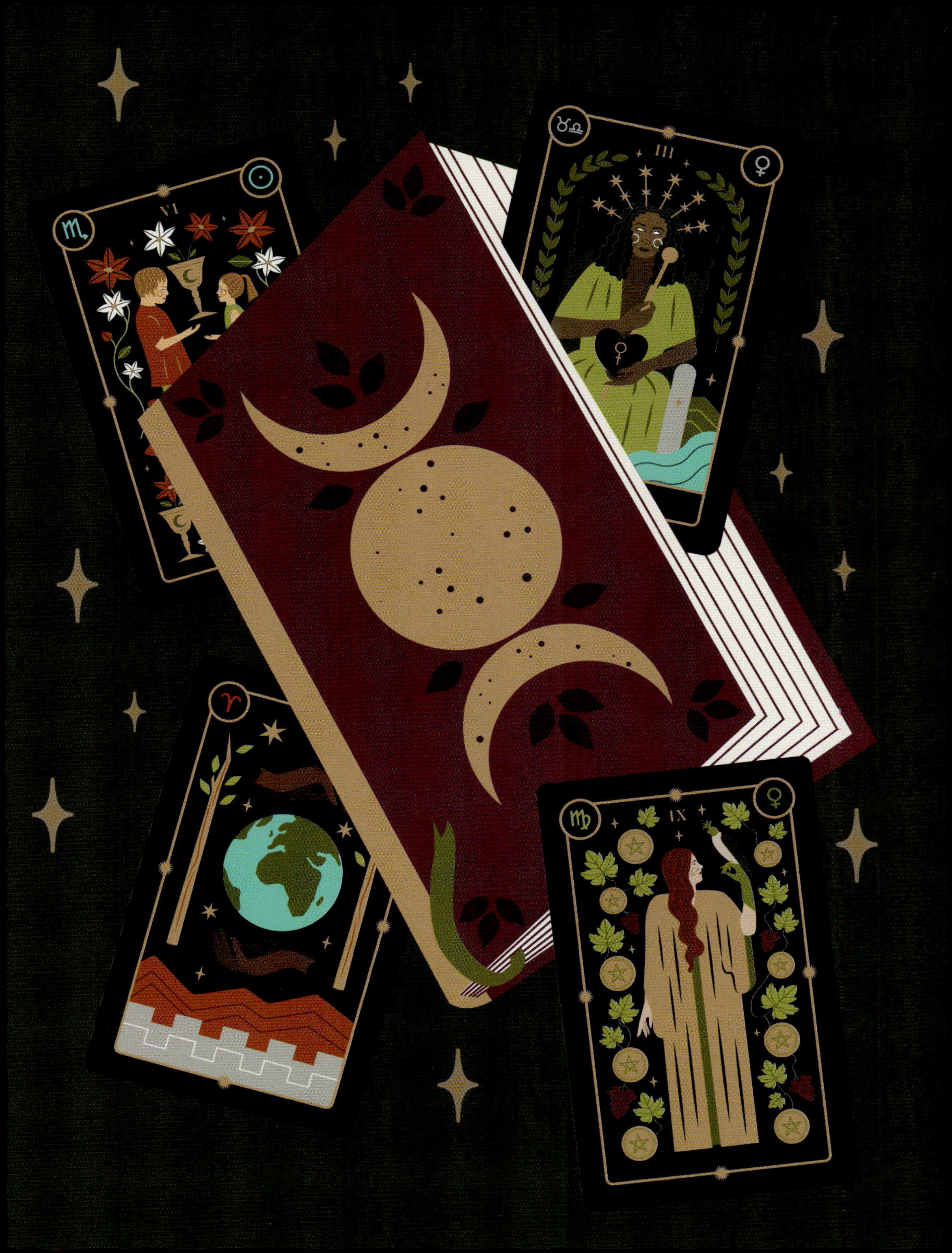
VI
III
IX

A TORRE
VALETE
CAVALEIRO
O CARRO
A JUSTIÇA
A TEMPERANÇA
VALETE
O DIAB
A MOR
A ESTRELA
ENAMORADOS

2
O TARÔ NA PRÁTICA

Este capítulo abordará os recursos que podem ajudar você a aprender mais sobre as cartas do tarô. Eles podem ser usados não apenas para conhecer as cartas e suas energias, mas também para dar mais profundidade às suas leituras ou tiragens diárias. Pode-se dizer com certeza que, quanto mais energia você colocar na sua prática de tarô, mais vai se desenvolver e ganhar em termos de compreensão e conhecimento. A descoberta de um método de estudo das cartas que faça sentido para você e esteja em sintonia com seu estilo de aprendizado pode realmente impulsionar sua jornada.

Você também vai aprender como podemos usar a simbologia visual do baralho (cores, cenário de fundo, postura dos personagens, por exemplo) e a Numerologia, que se baseia na compreensão dos significados gerais dos números 1 a 10. Esses dois métodos podem realmente ajudar a fornecer uma base sólida na qual você pode construir seu conhecimento do tarô.

Também vamos explorar maneiras práticas de interpretar as cartas para adicionar mais uma camada de compreensão. Quando fazemos uma leitura, às vezes estamos procurando uma resposta simples e direta para uma pergunta urgente. Você pode já estar ciente de que as cartas do tarô, especialmente os Arcanos Maiores, podem ser usadas para responder a perguntas do tipo sim ou não.

Por fim, também vamos mergulhar na relação entre o tarô e o tempo, já que as cartas podem ser usadas para dar uma indicação de quanto tempo as coisas podem levar para se concretizarem ou se manifestarem na sua vida, com base nos quatro naipes: Copas, Espadas, Paus e Ouros.

APRENDA COM O
Tarô Waite-Smith

Como muitos baralhos de tarô são baseados no clássico tarô Waite-Smith, se você se familiarizar com todos os aspectos desse baralho, também vai acabar se conectando com uma variedade de outros baralhos. A rica simbologia das cartas Waite-Smith também pode ajudar você a compreender os significados mais profundos das cartas. Isso, por sua vez, contribuirá para enriquecer sua prática e desenvolver suas habilidades de leitura. Ao iniciar sua jornada no tarô, essas cartas podem servir como lembretes ou estímulos muito úteis para os significados centrais das cartas. Eu achei que a simbologia dessas cartas me ajudou a entender os significados e compreender a energia de cada carta, por isso muitas das ilustrações desta obra se baseiam na imagética clássica do Waite-Smith (embora existam algumas diferenças).

Ao usar essa simbologia como instrumento de interpretação, reserve um tempo para observar as imagens de cada carta. Pode haver um símbolo presente em várias das cartas que você tirou, embora seja muito importante considerar o contexto em que ele aparece. Se você perceber, por exemplo, que uma rosa sempre aparece nas suas tiragens, observe a situação mais ampla mostrada na carta. Quem está segurando a rosa? Ela faz parte da imagem de fundo? Como outros símbolos interagem com ela? Interpretar a linguagem não verbal e às vezes abstrata dos símbolos significa ler nas entrelinhas e ir além do óbvio para encontrar significados mais sutis.

Quando usar a simbologia para interpretar o tarô, pense no conhecimento que você já tem. Observe os símbolos nas cartas que você tirou. Percebe algo familiar? Por exemplo, você pode já ter conhecimento das correspondências das cores e saber que o azul está associado à espiritualidade e à verdade. Sabendo disso, pode aplicar essa associação à Sacerdotisa, que está vestindo uma roupa azul. Incluí mais informações sobre correspondências das cores na página ao lado. Outra técnica para ajudar a desvendar a simbologia é pensar em suas próprias associações com os símbolos das cartas. Você pode associar o Sol ao calor, à felicidade e à força, e então aplicar isso às cartas ao interpretar um símbolo solar. Você ficará surpresa ao constatar que pode interpretar e entender as cartas apenas usando o conhecimento que já possui! E leve o tempo que precisar. Também pode ser útil fazer uma lista de símbolos em seu diário, que pode ir aumentando à medida que você acrescenta mais símbolos.

Vermelho
Ação, vida, paixão, inspiração, energia, masculinidade.

Laranja
Superar desafios, força de vontade, harmonia, aspirações.

Amarelo
Energia masculina, nível mais elevado de consciência, planos superiores, criatividade, clareza, intelecto.

Azul
Subconsciente, estado de espírito introspectivo, espiritualidade.

Roxo
Luxo, opulência, energia psíquica, mistérios, espiritualidade.

Preto
Mistério, desconhecido.

Branco
Inocência, pureza, clareza de pensamento, limpeza, paz.

Verde
Abundância, natureza, crescimento, vida, saúde.

Cor-de-rosa
Conexão psíquica, prazer, sensualidade.

Preto e Branco
Dualidade, equilíbrio, energias mescladas e integradas, energias masculinas e femininas.

Marrom
Caráter prático e mundano, ancoramento, estabilidade, nutrição.

Arco-íris
Abundância, desejos se tornando realidade, felicidade, plenitude, esperança.

O TARÔ
e o Tempo

Quando fazemos leituras para nós mesmos ou para outras pessoas, queremos saber o "o quê" as cartas estão nos comunicando, mas, às vezes, também queremos saber "quando". Aqui estão algumas maneiras de usar o tarô para determinar o tempo.

OS NAIPES

Usar os naipes dos Arcanos Menores é provavelmente a maneira mais fácil de usar o tarô para saber quando algo ocorrerá. Embora existam algumas variações, esse é o sistema que tenho usado há anos. Nesse sistema:

PAUS – dias
ESPADAS – semanas
COPAS – meses
OUROS – anos

Para tornar esse método mais específico, você também pode usar as cartas numeradas dos Arcanos Menores (do Ás ao 10) para avaliar um período de tempo. Por exemplo, se você tirar o Sete de Paus, pode interpretar isso como uma espera de sete dias. Se a carta estiver invertida, pode significar que, dentro desse período de tempo, você vai enfrentar obstáculos que precisam ser superados ou resolvidos primeiro.

Para determinar a estação em que um evento pode ocorrer, use os quatro Ases do baralho de tarô. Cada Ás está relacionado a uma estação diferente: os Ases também podem ser usados para significar 1 dia, 1 semana, 1 mês ou 1 ano, dependendo do naipe sorteado.

ÁS DE ESPADAS – inverno
ÁS DE PAUS – primavera
ÁS DE COPAS – verão
ÁS DE OUROS – outono

OS ARCANOS MAIORES

As cartas dos Arcanos Maiores estão associadas aos 12 signos do zodíaco e podem ser usadas para determinar o tempo numa leitura de tarô.

O LOUCO
Aquário (21 de janeiro a 19 de fevereiro)

O MAGO
Gêmeos e Virgem (21 de maio a 20 de junho e 23 de agosto a 22 de setembro)

A SACERDOTISA
Virgem (23 de agosto a 22 de setembro)

A IMPERATRIZ
Touro e Libra (21 de abril a 20 de maio e 23 de setembro a 22 de outubro)

O IMPERADOR
Áries (21 de março a 20 de abril)

O HIEROFANTE
Touro (21 de abril a 20 de maio)

OS ENAMORADOS
Gêmeos (21 de maio a 20 de junho)

O CARRO
Câncer (21 de junho a 21 de julho)

A FORÇA
Leão (22 de julho a 22 de agosto)

O EREMITA
Virgem (23 de agosto a 22 de setembro)

A RODA DA FORTUNA
Sagitário e Câncer (22 de novembro a 21 de dezembro e 21 de junho a 21 de julho)

A JUSTIÇA
Libra (23 de setembro a 22 de outubro)

O ENFORCADO
Peixes (20 de fevereiro a 20 de março)

A MORTE
Escorpião (23 de outubro a 21 de novembro)

A TEMPERANÇA
Sagitário (22 de novembro a 21 de dezembro)

O DIABO
Capricórnio (22 de dezembro a 20 de janeiro)

A TORRE
Áries (21 de março a 20 de abril)

A ESTRELA
Aquário (21 de janeiro a 19 de fevereiro)

A LUA
Peixes (20 de fevereiro a 20 de março)

O SOL
Leão (22 de julho a 22 de agosto)

O JULGAMENTO
Escorpião (23 de outubro a 21 de novembro)

O MUNDO
Capricórnio (22 de dezembro a 20 de janeiro)

A NUMEROLOGIA
e o Tarô

A Numerologia é o estudo dos números e do seu efeito em nossa vida. Ela está intrinsecamente ligada ao tarô e pode ser aplicada na leitura das cartas para ajudar a construir uma base de conhecimento sobre o tarô. No início da sua jornada com o tarô, a numerologia pode ajudá-la a compreender os significados centrais das cartas, adicionando outra camada de significado às suas leituras.

Ao aplicar a numerologia ao tarô, você só precisa lembrar dos significados gerais dos números 1 a 10, conforme apresentados na página ao lado. Cada número tem seu próprio significado e você pode usá-los para interpretar todas as cartas do baralho, exceto O Louco, que é representado pelo número 0.

Para as cartas com números de dois dígitos, como as cartas da Corte e algumas dos Arcanos Maiores, basta somar os dois números para obter um número entre 1 e 10. Para obter um número entre 1 e 10, basta somar os dois dígitos de cada carta.

As cartas da Corte, dos Arcanos Menores, são numeradas da seguinte maneira:

VALETES = 11
CAVALEIROS = 12
RAINHAS = 13
REIS = 14

Por exemplo, no caso de uma Rainha de qualquer naipe, a soma seria 1 + 3 = 4, em que o número 4 representa estrutura, manifestação e estabilidade. No caso do Sol, que é a carta de número 19 dos Arcanos Maiores, a soma seria 1 + 9 = 10, em que o número 10 representa renovação e renascimento. Para as cartas numeradas de 10 para baixo, utilize os significados na página ao lado.

A combinação do seu conhecimento de numerologia com as características citadas neste livro permitirá que você leia e interprete todas as 56 cartas dos Arcanos Menores.

Ao fazer leituras para si mesma ou para outras pessoas, observe se há números que se repetem ou são proeminentes, pois eles podem indicar quais áreas da sua vida precisam da sua atenção. Em termos gerais, os números pares normalmente representam força e estabilidade, enquanto os ímpares estão associados à instabilidade e à transição.

SIGNIFICADOS DOS NÚMEROS 1-10

UM:
Novos começos, individualidade, inovação, força de vontade, união

DOIS:
Dualidade, opostos, polaridade, intuição, reflexão, parceria

TRÊS:
Expressão, expansão, comunidade, criatividade, nascimento, crescimento

QUATRO:
Estabilidade, segurança, autoridade, fundamento, estrutura

CINCO:
Mudança, conflito, decisões, evolução, instabilidade

SEIS:
Responsabilidade, comprometimento, harmonia, lar, serviço

SETE:
Inspiração, espiritualidade, paz, verdade, meditação, sabedoria

OITO:
Sucesso, esforço, energia, poder, crescimento, ação, regeneração

NOVE:
Conclusão, liberação, aceitação, reflexão, realização

DEZ:
Finais, renovação, renascimento, ciclos, karma, manifestação final

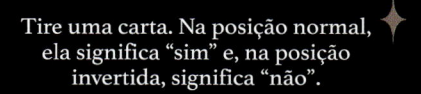

Tire uma carta. Na posição normal, ela significa "sim" e, na posição invertida, significa "não".

Determine a resposta do tipo "sim" ou "não" com base em suas próprias associações positivas ou negativas com a carta.

MÉTODOS PARA INTERPRETAR AS RESPOSTAS DO TIPO "SIM" OU "NÃO"

Tire uma carta para responder a uma pergunta do tipo "sim" ou "não" e, em seguida, tire cartas adicionais para obter mais informações e detalhes.

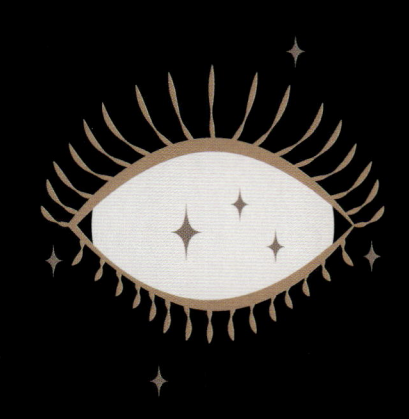

Estude a carta que você tirou e use sua intuição e seu conhecimento sobre a carta para obter uma resposta do tipo "sim" ou "não".

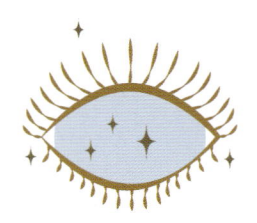

Perguntas do Tipo "Sim" ou "Não"

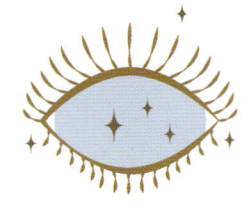

Em algum momento da sua jornada com o tarô (seja ao ler para si mesma, seja para outras pessoas), você pode se deparar com uma situação em que está em busca de uma resposta do tipo "sim" ou "não". Essa é uma leitura simples de fazer, em que você só precisa embaralhar as cartas enquanto se concentra na pergunta e, em seguida, tirar uma única carta. Uma boa maneira de interpretar as cartas nesse tipo de leitura é determinar a resposta "sim" ou "não" com base em suas próprias associações positivas ou negativas com a carta. Nos Capítulos 3 e 4, mostro quais são as cartas que indicam uma resposta "sim" e as que indicam uma resposta "não"; algumas delas, no entanto, não fornecem uma resposta definitiva e devem ser interpretadas como um "talvez".

Alguns praticantes de tarô não gostam de leituras do tipo "sim" ou "não", pois o futuro não está definido e depende das nossas ações. O tarô não revela um futuro fixo, que não seja afetado pelo nosso comportamento. Em vez disso, somos os criadores do nosso próprio futuro e podemos mudar os rumos da nossa vida se não gostarmos de como as coisas estão. Isso pode dificultar a resposta a uma pergunta do tipo "sim" ou "não".

Embora existam algumas limitações nesse método, isso não deve impedir que você o incorpore à sua prática se sentir que ele é apropriado no seu caso! Apenas esteja ciente de que ele pode limitar a quantidade de detalhes que você receberá em sua mensagem. O tarô pode revelar uma riqueza de informações ocultas relacionadas a muitos aspectos da situação sobre a qual você está lendo, mas com uma resposta simples do tipo "sim" ou "não", você pode perder muito disso. Evite isso tirando uma carta complementar (ou quantas forem necessárias) para fornecer mais detalhes sobre a natureza da resposta. Desse modo, você pode explorar a resposta num nível mais profundo.

Um método mais simples para obter uma resposta do tipo "sim" ou "não" é embaralhar e tirar uma carta. Se ela estiver na posição normal, a resposta é "sim". Se estiver invertida, a resposta é "não". Outro método é estudar a carta que você tirou e usar sua intuição e seu conhecimento do significado dela para determinar se você sente que é um "sim" ou um "não".

ELEMENTOS E PLANETAS
Regentes

Cada carta do tarô, seja do baralho que for, está associada a um tesouro de informações astrológicas que podem ser muito úteis quando você está aprendendo a interpretá-las. Cada carta não está apenas associada a um signo específico do zodíaco, mas também a um planeta, o que pode ser útil ao tentar entender mais sobre as energias associadas a cada uma delas. Tanto o tarô quanto a astrologia são excelentes recursos para a introspecção e, ao combinar os dois, você pode adicionar mais uma camada de significado às suas leituras.

Cada carta do tarô está associada a um dos quatro elementos, e essa informação está na descrição de cada carta, mais adiante neste livro. Quando se trata dos Arcanos Menores, cada um dos quatro naipes (Paus, Espadas, Ouros e Copas) está em sintonia com um dos elementos, o que confere a cada um deles um tipo específico de energia:

Copas
ÁGUA – Emoções, intuição, qualidade dos seus relacionamentos, amizade, espiritualidade

Espadas
AR – Ação, inteligência, ideias, lógica, comunicação, pensamento, verdade

Ouros
TERRA – Dinheiro, riqueza, posses materiais, praticidade, lar, saúde, generosidade

Paus
FOGO – Inspiração, entusiasmo, energia, ação, objetivos, mente, ambição, sonhos

CORRESPONDÊNCIAS ASTROLÓGICAS

Significados dos planetas

SOL – Eu, vitalidade, ego, consciência, propósito, autoexpressão

LUA – Instintos, emoções, intuição, inconsciência, hábitos, estados de espírito

MERCÚRIO – Intelecto, razão, comunicação, mente, inteligência, lógica

VÊNUS – Amor, atração, beleza, arte, harmonia, relacionamentos, valores, prazer

MARTE – Ação, agressão, desejo, energia, sexo, paixão, determinação, coragem

JÚPITER – Expansão, otimismo, abundância, sorte, crescimento, conquista

SATURNO – Estrutura, pessimismo, restrição, responsabilidade, disciplina, lei, limitações

URANO – Rebelião, agitação, excentricidade, imprevisibilidade, rebelião, liberdade

NETUNO – Ilusões, delírios, imaginação, sonhos, escapismo, espiritualidade

PLUTÃO – Transformação, poder, obsessão, morte, renascimento

Significados dos signos do zodíaco

ÁRIES – Energia agressiva, impulsivo, independente, inspiração, competitivo, entusiasmado

TOURO – Estabilidade, beleza, prazer, sensualidade, realista, prático, confiável, fiel

GÊMEOS – Comunicação, racionalidade, dinâmico, sociável, comunicativo, ama pessoas

CÂNCER – Intuitivo, compassivo, emocional, sentimental, sensível, caseiro

LEÃO – Confiante, extrovertido, seguro de si, ardente, carismático, gosta de atenção

VIRGEM – Prático, analítico, gentil, leal, encantador, criativo, aventureiro

LIBRA – Equilíbrio, imparcialidade, justiça, defensor, indeciso, aventureiro

ESCORPIÃO – Apaixonado, autoconfiante, teimoso, corajoso, poderoso, dominante, engenhoso, apaixonado

SAGITÁRIO – Mente aberta, flexível, generoso, extrovertido, otimista, entusiasmado, inteligente

CAPRICÓRNIO – Inteligente, estável, responsável, reservado, centrado, disciplinado, trabalhador

AQUÁRIO – Excêntrico, inovador, inflexível, imaginativo, independente, não convencional

PEIXES – Compassivo, intuitivo, habilidades psíquicas, adaptável, emotivo, criativo

CARTAS
Invertidas

As cartas do tarô podem ter significados diferentes dependendo da posição em que estão: normal ou invertida (de cabeça para baixo). É compreensível que se pense que as cartas na posição normal representam uma mensagem mais positiva, enquanto as cartas na posição invertida representam algo mais negativo, mas a realidade é mais complexa. Embora algumas cartas invertidas tenham um significado mais negativo em comparação ao seu significado na posição normal, essa não é a única maneira de entender as cartas invertidas quando elas aparecem numa leitura. A vida raramente é preto no branco, e as inversões ajudam a identificar as nuances de uma situação, permitindo que você amplie sua compreensão do que a carta significa para você em sua leitura.

As cartas invertidas podem ajudar a chamar sua atenção para quaisquer questões subjacentes a uma situação. Elas também são muito úteis para identificar atrasos e energias bloqueadas, bem como o que precisa ser feito para que as coisas avancem novamente e você possa superar quaisquer obstáculos que estejam em seu caminho. O uso das inversões nas suas leituras é uma escolha pessoal, e nem todos os leitores de tarô as incorporam em sua prática; por isso, certifique-se de fazer o que lhe parecer melhor no seu caso.

A TORRE

XVI

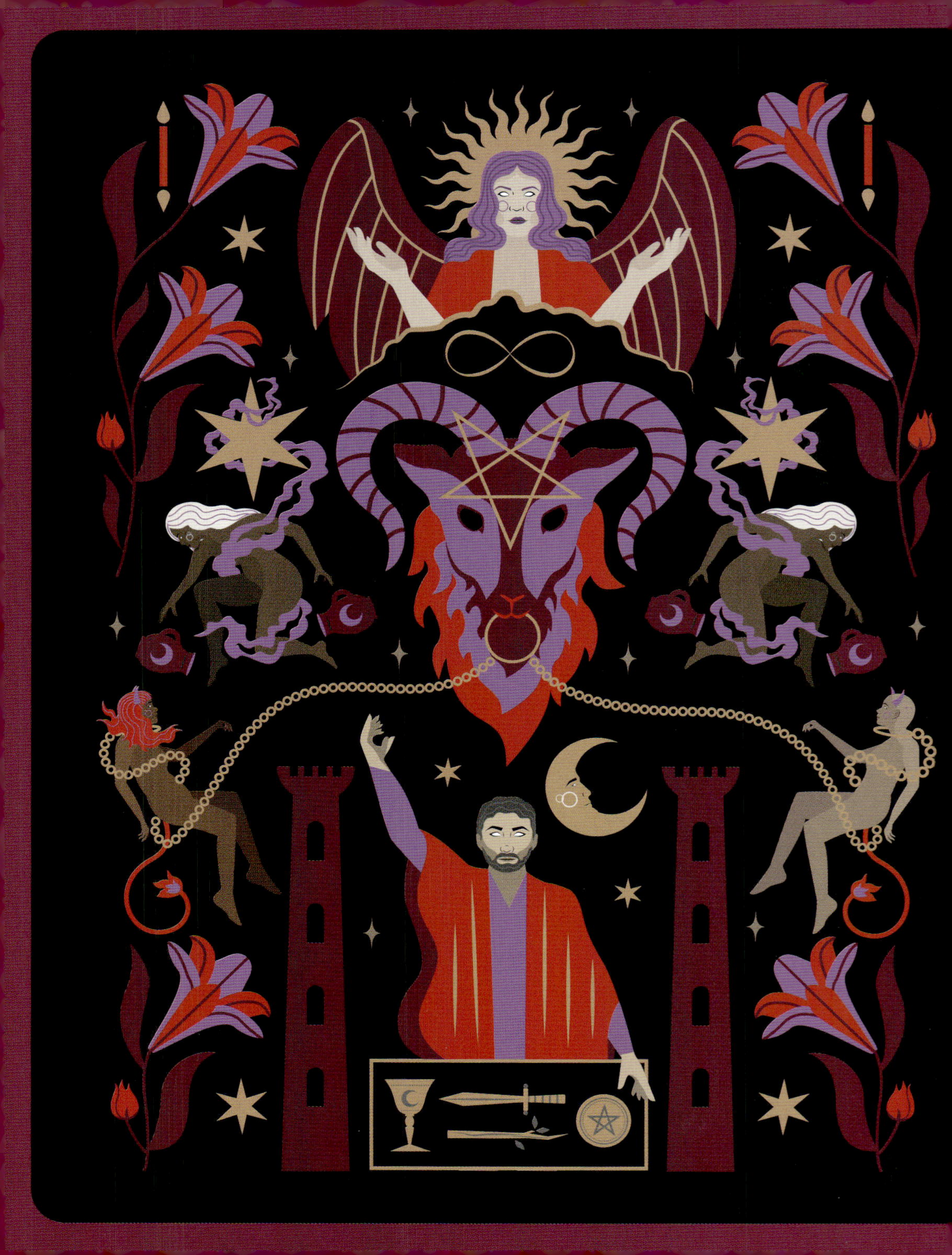

3
OS ARCANOS MAIORES

Todos os baralhos de tarô são divididos em duas partes: os Arcanos Maiores e os Arcanos Menores. Os Arcanos Maiores consistem nas primeiras 22 cartas do baralho, que incluem cartas com nomes como A Morte, A Lua e O Eremita. A primeira carta é O Louco e seu número é 0, por isso a última carta dos Arcanos Maiores (O Mundo) recebeu o número 21. Juntas, elas representam os grandes temas da vida que afetarão sua jornada. Seu significado arquetípico representa aspectos presentes ao longo da sua vida e pode ajudar você a enxergar o quadro geral.

As cartas dos Arcanos Maiores (às vezes, conhecidas como cartas dos Trunfos) representam todos os tipos de experiências de vida, incluindo amor, morte, perda, felicidade, e podem oferecer lições valiosas quando seus significados são explorados. Colocadas em ordem cronológica, elas também contam a história da Jornada do Louco; desse modo, as viagens espirituais do Louco representam sua própria jornada de vida e os desafios que você enfrentará ao longo do caminho.

Experimente usar apenas as cartas dos Arcanos Maiores numa leitura de tarô. Elas são incrivelmente poderosas e podem iluminar seu caminho em direção à autoconsciência. A leitura pode não ser tão detalhada, mas por certo será direta e inequívoca. Esse tipo de leitura em geral é reservado para quando você tem uma pergunta significativa, sendo as leituras mais curtas, como as de três e quatro cartas (página 149), as que funcionam melhor.

Embora eu fale sobre as figuras de cada carta usando os pronomes de gênero tradicionais, elas podem representar pessoas de qualquer gênero, não apenas do gênero retratado na carta.

O LOUCO

PLANETA REGENTE Urano   **SIGNO DO ZODÍACO** Aquário   **ELEMENTO** Ar   **SIM OU NÃO** Sim   **PALAVRAS-CHAVE NA POSIÇÃO NORMAL** Novos começos, juventude, aventuras, otimismo, oportunidades, espontaneidade, espírito livre, potencial, liberdade, inocência, novo começo, fé cega.   **PALAVRAS-CHAVE NA POSIÇÃO INVERTIDA** Assumir riscos, imprudência, descuido, tolice, ingenuidade, infantilidade, hesitação, oportunidades perdidas, falta de experiência.

A Jornada do Louco

Este é o início da Jornada do Louco. Vemos o Louco parado à beira de um penhasco, dando os primeiros passos com entusiasmo em suas viagens rumo ao desconhecido. O Sol está brilhando e aquecendo as costas do Louco.

Significado na posição normal

Essa carta está associada a novos começos, aventuras e recomeços. Você pode estar começando algo novo em sua própria vida ou estar iniciando uma nova fase. Você sente a necessidade de liberdade, o que é refletido na natureza livre do Louco. Ele está completamente inconsciente de que está prestes a cair do penhasco porque não está atento à direção para onde está indo. É um lembrete de que sua mente pode não estar focada nas tarefas à sua frente. Essa carta também representa descoberta, por isso está associada ao planeta Urano.

A figura na carta é jovem, o que significa que essa carta também está associada à juventude, à energia e ao potencial ilimitado. Ela fala de uma mente curiosa e de um caráter espontâneo e, com o Sol brilhando no céu, indica grande otimismo em relação à jornada, tornando-a uma carta positiva. O cão que está ao lado da figura representa proteção e lealdade. Há também um senso de pureza e inocência com essa figura. Ele é inocente em relação aos desafios e obstáculos que o aguardam, representados pelas montanhas que se destacam ao longe.

Significado na posição invertida

O Louco está prestes a começar sua jornada e sobre seu ombro descansa uma pequena trouxa, mas, por ela ser pequena, isso demonstra que ele não está preparado para sua jornada. Esse é um comportamento imprudente, pois a falha em se preparar pode significar o fracasso. Isso também mostra que o Louco está associado ao descuido e a assumir riscos excessivos, o que pode levar a oportunidades perdidas. De maneira alternativa, você pode estar perdendo oportunidades porque está hesitando, temendo o desconhecido e isso está paralisando sua caminhada e impedindo o seu progresso.

O LOUCO

O MAGO

PLANETA REGENTE Mercúrio   **SIGNO DO ZODÍACO** Gêmeos e Virgem   **ELEMENTO** Ar   **SIM OU NÃO** Sim   **PALAVRAS-CHAVE NA POSIÇÃO NORMAL** Manifestação, engenhosidade, poder, domínio, ação inspirada, percepção, compreensão, possibilidades, aluno e professor, orientação divina   **PALAVRAS-CHAVE NA POSIÇÃO INVERTIDA** Manipulação, planejamento inadequado, talentos e habilidades não utilizados, falta de clareza mental, arrogância, ganância, ego, ilusões.

A Jornada do Louco

Em sua jornada, a primeira pessoa que o Louco encontra é o Mago. O Mago é um professor poderoso e uma figura masculina confiante, que domina os quatro elementos. Ele coloca o Louco em transe para que ele também possa dominar os quatro elementos. O Mago quer mostrar ao Louco seu verdadeiro potencial e as possibilidades que isso traz.

Significado na posição normal

O Mago está em pé na frente de uma mesa com as ferramentas físicas que ele tem à sua disposição: um cálice (Água), uma espada (Ar), uma moeda (Terra) e uma varinha (Fogo). Ele tem tudo de que precisa para manifestar seus sonhos e torná-los realidade. Isso é um lembrete para você aproveitar seu potencial ilimitado, pois você tem tudo de que precisa para manifestar a vida que deseja; só precisa ser engenhoso. Isso é representado pelo símbolo do infinito acima da cabeça do Mago.

O Mago representa confiança e nos lembra de acreditar em nossas próprias habilidades. Ele veste uma túnica clara, que representa clareza mental e compreensão, e uma capa vermelha que simboliza conhecimento. O Mago tem um braço estendido para cima, que segura uma varinha com ponta branca, e o outro apontando para baixo, em direção à terra, para que possa canalizar tanto o reino espiritual quanto o material. Você pode combinar as ferramentas de ambos os reinos para manifestar seus desejos. Ao fundo, os lírios brancos mostram que essa carta trata de pureza, paz, verdade e abundância.

Significado na posição invertida

Na posição invertida, O Mago pode sugerir que você está lutando para manifestar suas intenções. Isso pode ser decorrência de um planejamento inadequado ou inexistente, mas, para usar as energias do Mago e manifestar as coisas que deseja, você precisa ter um plano claro de como alcançá-las. A falta de clareza mental também pode dificultar o foco das suas energias, o que significa que você não está usando suas habilidades e seus talentos em seu pleno potencial ou está escondendo intencionalmente seus dons e suas capacidades. Quando invertida, essa carta também pode representar manipulação, ego, arrogância e ganância.

O MAGO

A SACERDOTISA

PLANETA REGENTE Lua SIGNO DO ZODÍACO Virgem ELEMENTO Terra SIM OU NÃO A resposta não é clara PALAVRAS-CHAVE NA POSIÇÃO NORMAL Intuição, subconsciente, espiritualidade, sabedoria, consciência, conhecimento sagrado, feminino divino, introspecção, meditação. PALAVRAS-CHAVE NA POSIÇÃO INVERTIDA Desconexão ou não dar ouvidos à intuição, ciúme, retraimento, segredos, manipulação.

A Jornada do Louco

O Louco dá meia-volta e vê a misteriosa Sacerdotisa. Ele explica a ela que recebeu os quatro elementos, mas não tem certeza do que fazer com eles. Ela permanece em silêncio (ela é uma carta de inação), mas mostra a ele o pergaminho que carrega. Ele está parcialmente coberto pelas mãos dela, mostrando que seu conhecimento sagrado e sabedoria só podem ser revelados àqueles que estão prontos para recebê-los.

Significado na posição normal

A Sacerdotisa está sentada entre uma coluna escura e uma clara, simbolizando dualidade e equilíbrio. Isso é uma referência bíblica às duas colunas construídas na entrada do templo de Salomão, em Jerusalém. É um sinal para cultivar mais equilíbrio em sua vida.

O simbolismo da sua posição mostra que essa carta está associada à intuição, à espiritualidade e à consciência; é também por isso que essa carta está associada à Lua. É um convite para você se conectar com sua própria intuição e conhecimento interior. A Sacerdotisa também está associada ao subconsciente, revelado pela Lua Crescente aos seus pés. O véu, a coroa e as vestes azuis da Sacerdotisa simbolizam sua intuição e seu conhecimento sagrado. Ela é conhecedora de tudo e compartilha sua sabedoria para ajudar você a aprender a ouvir e confiar em seus próprios instintos.

A inação da Sacerdotisa mostra a necessidade de focar suas energias internamente; ela representa retraimento, meditação e sugere que você desacelere neste momento.

Significado na posição invertida

Invertida, a Sacerdotisa pode significar que você está desconectada da sua própria intuição. Isso pode ser um problema subconsciente ou você pode estar ciente do que está fazendo; de qualquer maneira, é um convite para parar, voltar-se para dentro e ser mais receptiva. Sua intuição está tentando guiá-la. Não deixe a dúvida impedi-la. A Sacerdotisa invertida também tem um lado sombrio e pode representar manipulação, ciúme e segredos.

A SACERDOTISA

A IMPERATRIZ

A IMPERATRIZ

PLANETA REGENTE Vênus   **SIGNO DO ZODÍACO** Touro e Libra   **ELEMENTO** Ar   **SIM OU NÃO** Sim   **PALAVRAS-CHAVE NA POSIÇÃO NORMAL** Abundância, fertilidade, gravidez, feminilidade, beleza, natureza, cuidado, paz, prazer, receptividade, amor incondicional.   **PALAVRAS-CHAVE NA POSIÇÃO INVERTIDA** Bloqueio criativo, dependência, falta de abundância, gravidez inesperada, problemas de fertilidade, preocupação com a opinião dos outros.

A Jornada do Louco

O Louco continua sua jornada até encontrar a Imperatriz. Ele sente sua natureza calorosa, compassiva e cuidadosa, e ela lembra a própria mãe. A Imperatriz apoia o Louco e cuida dele, compartilhando os segredos da criação antes de enviá-lo para o seu caminho.

Significado na posição normal

A Imperatriz representa abundância, fertilidade e gravidez, refletidas nas folhas de murta e nas colinas verdes ao redor do seu trono. Elas não representam apenas a gravidez física e o nascimento mas também o crescimento pessoal, o nascimento de novas ideias e qualquer forma de criatividade. Em sua mão, a Imperatriz segura um cetro com uma esfera no topo, representando a fertilidade masculina e feminina. Ela usa uma coroa com 12 estrelas (representando os 12 signos do zodíaco e os meses do ano) para demonstrar sua conexão com o reino espiritual acima e os ciclos da natureza.

O símbolo no coração que está sobre o colo da Imperatriz é o de Vênus, uma indicação da sua energia feminina (que qualquer gênero pode canalizar) e sua natureza compassiva e nutriz. Ela assume a forma da Mãe Terra, representada não apenas pelas colinas verdes ao seu redor, mas também pelo riacho que flui aos seus pés. Ela convida você a se conectar com essas energias passando algum tempo em meio às belezas da natureza para elevar sua consciência. A Imperatriz também é um lembrete para você desfrutar os prazeres da vida.

Significado na posição invertida

Quando invertida, a carta da Imperatriz indica bloqueios criativos e obstáculos que podem estar atrapalhando o seu progresso na vida. Você pode ter uma nova ideia ou um projeto em que está trabalhando, mas estar com dificuldades para avançar. A Imperatriz pode ser um sinal de que você está desperdiçando muita energia preocupando-se com a opinião das outras pessoas; use essa energia para algo produtivo. Ela também pode indicar falta de abundância (financeira, material, física, emocional e mental) bem como problemas de fertilidade ou uma gravidez não planejada.

IV

O IMPERADOR

O IMPERADOR

PLANETA REGENTE Sol **SIGNO DO ZODÍACO** Áries **ELEMENTO** Fogo **SIM OU NÃO** Sim **PALAVRAS-CHAVE NA POSIÇÃO NORMAL** Autoridade, estrutura, estabilidade, figura paterna, estabelecimento, patriarcado, liderança, regulamentação, proteção. **PALAVRAS-CHAVE NA POSIÇÃO INVERTIDA** Dominação, controle excessivo, falta de disciplina, inflexibilidade.

A Jornada do Louco

O Louco continua sua jornada até encontrar o Imperador sentado num trono ornamentado. Ele rege seu império com autoridade e, quanto mais tempo O Louco passa com O Imperador, mais ele o vê como uma figura paterna. Também é o primeiro encontro do Louco com a disciplina e as regras que a acompanham, e por fim ele percebe a necessidade de estrutura para trilhar um caminho seguro e estável adiante.

Significado na posição normal:

Sendo o pai do baralho de tarô, O Imperador representa autoridade, estrutura e domínio estabelecido. Sua barba também demonstra sabedoria. Ele senta rigidamente num grande trono decorado com quatro cabeças de carneiro, para simbolizar sua conexão com o signo do zodíaco Áries. O Imperador usa uma túnica vermelha para simbolizar seu poder e energia vital, que é ainda demonstrado pelo Ankh (símbolo egípcio da vida) que ele segura. Na outra mão, O Imperador segura uma esfera, que representa o mundo que ele governa; isso mostra que essa carta está conectada com a liderança e a responsabilidade, e a coragem e a bravura associadas a ela. No baralho Waite-Smith, ele veste uma armadura por baixo da túnica vermelha, simbolizando que O Imperador também está associado à proteção.

O Imperador está associado à estabilidade, que é simbolizada pelas montanhas nevadas intransponíveis atrás do seu trono. Ele é uma base sólida e equilibrada, o que é um convite para você ancorar suas próprias energias. Ele também mostra o benefício de você ter alguma estrutura em sua vida. As montanhas mostram o lado mais rígido do caráter do Imperador, mas o rio que corre aos seus pés mostra que ele também tem um lado mais brando e emotivo.

Significado na posição invertida:

Invertida, a carta do Imperador pode significar que você está muito inflexível. Ela é um convite para você ser adaptável e mais aberta a novas maneiras de pensar e de fazer as coisas. Não se prenda demais a muitas restrições e limitações, mas se liberte do que a está impedindo de avançar. Muita estrutura pode significar que você está resistente demais à mudança. Invertida, essa carta também representa autoridade excessiva, controle, disciplina e poder, e pode ser um sinal de que você precisa defender a si mesma, suas crenças e opiniões.

V

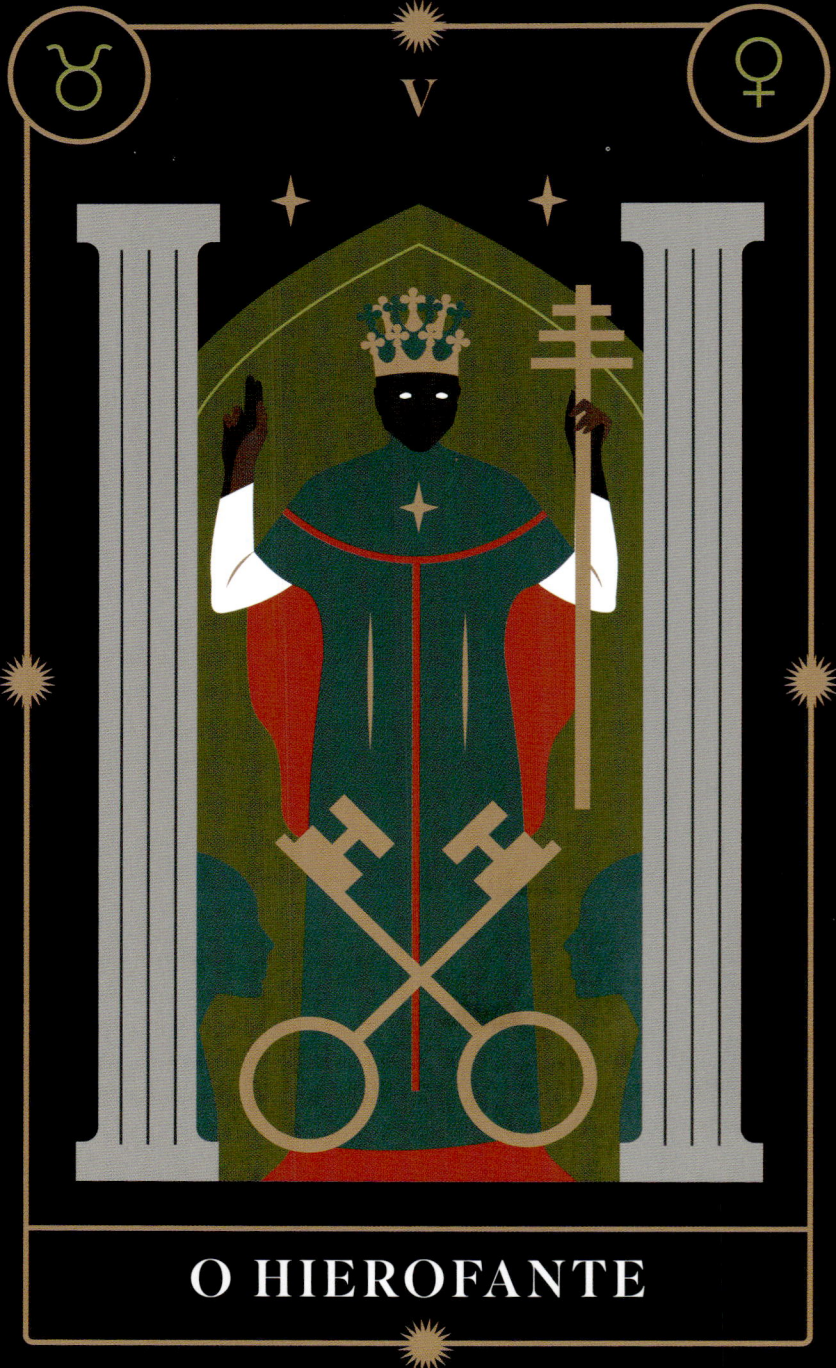

O HIEROFANTE

O HIEROFANTE

PLANETA REGENTE Vênus   **SIGNO DO ZODÍACO** Touro   **ELEMENTO** Terra   **SIM OU NÃO** Incerto   **PALAVRAS-CHAVE NA POSIÇÃO NORMAL** Sabedoria espiritual, crenças religiosas, tradição, comunidade, ensino.   **PALAVRAS-CHAVE NA POSIÇÃO INVERTIDA** Crenças pessoais, ou então inadequada, abuso de poder, desafiar o modo como as coisas são.

A Jornada do Louco

Já preparado para deixar para trás o cuidado dos pais, o Louco continua sua jornada. Ele está pronto para se tornar um adulto independente, mas ainda há muito a aprender. Enquanto prossegue pelo caminho, ele encontra o Hierofante. O Louco começa a fazer algumas perguntas urgentes e o Hierofante responde. Ele ensina ao Louco sobre diferentes tradições, religiões organizadas e culturas, e ele aprende como fazer parte de uma comunidade mais ampla. O Hierofante respondeu a muitas das perguntas do Louco sobre os mistérios da vida.

Significado na posição normal:

O Hierofante é um líder religioso ou espiritual, geralmente retratado como um papa, que representa sistemas de crenças religiosas, tradição e sabedoria como meio de encontrar a realização espiritual. Essa carta pode ser um sinal para você seguir convenções e regras preexistentes e bem estabelecidas, bem como adicionar mais rituais à sua própria vida, o que explica por que essa carta está associada ao sólido signo de Touro.

O Hierofante está entre duas colunas de um templo, vestindo uma túnica vermelha, azul e branca, e usando também uma coroa de três camadas, ambos símbolos dos três reinos sobre os quais ele domina: o consciente, o subconsciente e o superconsciente. Ele segura uma cruz papal, conhecida como cetro triplo, que representa seu *status* como papa. Um par de chaves cruzadas na frente do Hierofante representa o equilíbrio entre a mente consciente e a mente subconsciente. Ele é um lembrete para você buscar um significado mais profundo em sua própria vida. Também pode convidar você a honrar tradições (familiares ou outras) ou começar as suas próprias. Dedique algum tempo para considerar a sua herança espiritual ou religiosa.

Significado da posição invertida:

Invertida, a carta do Hierofante é um símbolo de inconformismo e um sinal para questionar crenças e tradições em vez de seguir cegamente regras ou formas de fazer algo. É um momento para se perguntar no que você acredita e começar a traçar o seu próprio caminho. Pode ser um sinal de que você está se restringindo demais com estruturas ou crenças estabelecidas e, como tal, não está saindo da sua zona de conforto. Você pode sentir o desejo de explorar os limites atuais que estabeleceu para si mesma e ampliar seus horizontes.

OS ENAMORADOS

PLANETA REGENTE Mercúrio **SIGNO DO ZODÍACO** Gêmeos **ELEMENTO** Ar **SIM OU NÃO** Sim **PALAVRAS-CHAVE NA POSIÇÃO NORMAL** Amor, harmonia, relacionamentos, escolha, alinhamento de valores, dualidade, concordância, compromisso, amizade, cura. **PALAVRAS-CHAVE NA POSIÇÃO INVERTIDA** Amor-próprio, falta de harmonia, desequilíbrio, falta de alinhamento de valores, problemas nos relacionamentos, distanciamento.

A Jornada do Louco

O Louco continua sua jornada. Ele segue com senso de propósito e sabe o que deseja alcançar na vida. Ele avista uma encruzilhada ao longe e tem certeza do caminho que precisa seguir, mas, ao se aproximar, vê uma mulher parada ali. Instantaneamente, o Louco sabe que ela é o amor da vida dele e eles escolhem percorrer o caminho da vida juntos, mesmo que isso o leve numa direção diferente da que planejou no início.

Significado na posição normal:

A carta dos Enamorados está associada ao amor, à harmonia e à união. Ela mostra um homem e uma mulher nus, na presença de um anjo considerado Rafael (representando cura física e emocional). O homem e a mulher estão associados à dualidade e ao equilíbrio entre as energias masculina e feminina. Essa carta é um convite para você equilibrar essas energias na própria vida, e por isso ela também está associada ao signo do zodíaco Gêmeos.

O homem olha para a mulher com desejo, sem notar o anjo no céu. A mulher olha para cima, buscando sabedoria espiritual no anjo, permitindo que a energia flua do desejo físico para as necessidades emocionais e espirituais. Esse é um sinal para você manter o equilíbrio entre seus desejos físicos e espirituais. A mulher está próxima da Árvore do Conhecimento. Ao lado do homem está a Árvore da Vida, tomada por chamas que representam a paixão. A serpente na carta representa tentação. Essa carta também representa escolha. Assim como o Louco escolheu se unir à mulher e seguirem juntos, você também tem escolhas no amor e na vida para criar a vida que deseja.

Significado na posição invertida

A carta dos Enamorados invertida pode indicar desarmonia, problemas nos relacionamentos e rompimentos. Pode ser um sinal de que você está se negligenciando e que lhe falta autocuidado. Essa carta mostra que você está lutando para tomar uma decisão ou que não está assumindo a responsabilidade por uma escolha que já fez. Seja responsável por todas as suas ações, boas e ruins. Essa carta invertida indica um conflito de valores entre você e as pessoas ao seu redor, especialmente aquelas que você ama.

VI

OS ENAMORADOS

O CARRO

PLANETA REGENTE Lua   **SIGNO DO ZODÍACO** Câncer   **ELEMENTO** Água
SIM OU NÃO Sim   **PALAVRAS-CHAVE NA POSIÇÃO NORMAL** Controle, força de vontade, sucesso, ação, determinação, vitória, confiança, perseverança.   **PALAVRAS-CHAVE NA POSIÇÃO INVERTIDA** Autodisciplina, oposição, falta de direção.

A jornada do Louco

Agora um jovem adulto, O Louco encontra um guerreiro vestido com uma armadura e montado num carro. Ele se detém para compartilhar sabedoria motivacional com O Louco e fala sobre a importância da força de vontade e do foco nos seus objetivos. O cocheiro explica que ele pode alcançar qualquer coisa com determinação, disciplina e ambição. Ele então parte, deixando O Louco continuar sua jornada, mas agora com mais compreensão sobre como ter sucesso na vida.

Significado na posição normal

A carta do Carro mostra um guerreiro conduzindo um carro. Sua armadura é decorada com Luas Crescentes, representando o que pode ser trazido à existência por meio da determinação e da perseverança. O quadrado em seu peito representa a força de vontade necessária para ter sucesso e é um sinal para você se aprofundar e redirecionar suas energias para alcançar seus objetivos.

O Carro é puxado em direções opostas por uma esfinge preta e uma branca. Isso representa a dualidade das forças opostas que O Louco precisa aprender a controlar para ter sucesso na vida. Curiosamente, o cocheiro não usa rédeas para controlar as esfinges, apenas o poder e a força da sua mente, refletindo a associação dessa carta com o domínio sobre a mente. Isso indica que você precisa redirecionar sua mente para ajudá-lo a alcançar seus objetivos e superar quaisquer obstáculos.

No escudo do cocheiro há um pião perfeitamente equilibrado, simbolizando a necessidade de equilíbrio na própria vida. À frente do carro flui um rio, indicando que você deve equilibrar o trabalho para alcançar seus objetivos enquanto aprende a fluir com a vida.

Significado na posição invertida

A carta do Carro invertida simboliza falta de direção e propósito na vida. Pode ser um sinal para você reavaliar para onde está indo, o que deseja alcançar e como planeja fazer isso. Pode significar que você precisa mudar de direção para poder avançar. Você pode ter perdido a motivação e, como resultado, estar permitindo que obstáculos atrapalhem seu caminho. Pode se sentir puxada em diferentes direções, incapaz de controlar as energias opostas em sua vida; para alcançar equilíbrio e sucesso, você precisa ter mais foco em seus objetivos.

VII

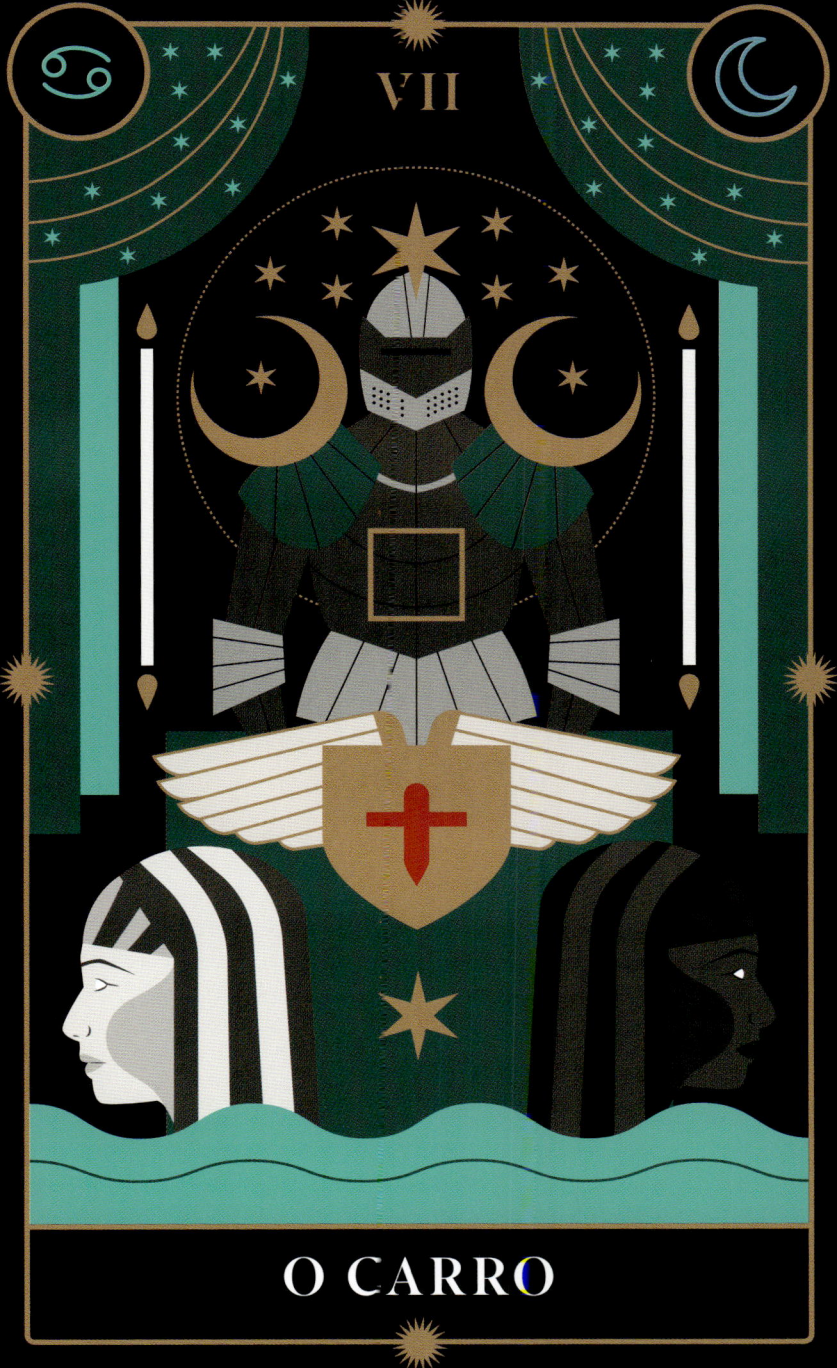

O CARRO

A FORÇA

PLANETA REGENTE Sol **SIGNO DO ZODÍACO** Leão **ELEMENTO** Fogo **SIM OU NÃO** Sim **PALAVRAS-CHAVE NA POSIÇÃO NORMAL** Força, coragem, persuasão, influência, compaixão, autoconfiança, superação de obstáculos. **PALAVRAS-CHAVE NA POSIÇÃO INVERTIDA** Dúvida com relação a si mesma, pouca energia, emoções intensas, questões não resolvidas, falta de confiabilidade.

A jornada do Louco

Nesse ponto, o Louco tornou-se forte graças aos desafios que enfrentou. Conforme ele prossegue, depara-se com uma mulher sentada no chão, fechando delicadamente a boca de um leão. O Louco fica maravilhado com a maneira como ela controla o leão, valendo-se simplesmente da sua natureza gentil e amável. O Louco reflete sobre a virtude da força e aprende que ela se manifesta de diferentes formas; ele percebe que pode ser preciso mais força para controlar o medo, a paixão intensa ou a agressividade, em vez de agir de acordo com eles. O Louco aprende o poder suave da coragem, da paciência e da bondade.

Significado na posição normal

A carta da Força mostra uma mulher vestida de branco (simbolizando a pureza) com um símbolo do infinito acima da cabeça (representando um potencial infinito). Ela está inclinada sobre um leão, segurando delicadamente sua mandíbula e testa. O leão representa nossas paixões intensas e, ao domá-lo, a mulher mostra que a força não se resume apenas à força bruta. A fúria do leão pode causar danos se não for controlada, assim como nossas próprias paixões, mas a mulher demonstra que é capaz de influenciar e direcionar gentilmente o leão, assim como podemos controlar nossas próprias paixões.

A Força está associada ao autocontrole; você está aprendendo a dominar suas próprias emoções, mas lembre-se da paciência, à medida que prossegue. Você pode influenciar as pessoas de maneira mais eficaz com uma persuasão gentil. Você possui a força interior para superar obstáculos de forma sutil, assim como a mulher controla o leão.

Significado na posição invertida

A carta da Força invertida está associada à falta de confiança, indicando que você não está se conectando com seu poder interior. Você pode estar duvidando de si mesma e de suas habilidades, e não se dando o crédito que merece por suas conquistas. Essa carta pode mostrar que você está deixando suas emoções assumirem o controle, o que pode até significar o surgimento de agressividade e raiva. É um lembrete para você dedicar algum tempo à tarefa de se reconectar com seu poder interior, para que possa aprender a lidar com suas emoções intensas, usando-as a seu favor de maneira sutil, assim como a mulher domou o leão.

VIII

A FORÇA

IX

O EREMITA

O EREMITA

PLANETA REGENTE Mercúrio   **SIGNO DO ZODÍACO** Virgem   **ELEMENTO** Terra   **SIM OU NÃO** Sim   **PALAVRAS-CHAVE NA POSIÇÃO NORMAL** Busca da alma, introspecção, recolhimento, visão, paz, autoconsciência, busca de conhecimento. **PALAVRAS-CHAVE NA POSIÇÃO INVERTIDA** Isolamento, solidão, retraimento, repetição de erros, dúvida com relação a si mesma.

A jornada do Louco

O Louco segue adiante, mas está se sentindo sobrecarregado de pensamentos depois de enfrentar tantos desafios. Ele encontra uma caverna em suas viagens e decide se retirar do mundo e buscar as respostas que só pode encontrar dentro de si mesmo. A cada nova autodescoberta, O Louco ergue um lampião que encontrou na caverna. Ele busca nas sombras de si mesmo seu conhecimento interior, uma verdade mais profunda e a sabedoria espiritual. Uma vez que o Louco se sente renovado e pronto para retornar ao mundo, ele continua sua jornada.

Significado na posição normal

A carta do Eremita representa a introspecção e a busca da alma, simbolizadas pela figura de um homem idoso usando um manto cinza com um capuz que cobre a cabeça, em representação à sua jornada interior. O homem tem uma longa barba branca que representa sabedoria espiritual, porém está desgrenhada, o que sugere que ele não se importa mais com sua aparência física. Em vez disso, toda a sua energia está voltada para dentro, enquanto ele se empenha em descobrir um conhecimento mais elevado e compreensão espiritual. A carta do Eremita pode indicar que você precisa de tempo para encontrar a solidão que propicia a contemplação e autorreflexão.

O Eremita carrega um bastão que representa seu poder e sua autoridade, e segura-o em sua mão esquerda para simbolizar sua consciência maior. Ele está em pé no topo de uma montanha para representar ainda mais essa consciência elevada. Na mão direita, o eremita tem um lampião com uma estrela de seis pontas dentro, iluminando o caminho e representando o Selo de Salomão, um símbolo de sabedoria dos ensinamentos místicos medievais. Isso pode ser um lembrete para você buscar sabedoria espiritual, iluminação e orientação dentro da própria vida.

Significado na posição invertida

A carta do Eremita invertida pode ser um sinal de que você está passando tempo demais sozinha. Você pode estar se isolando demais ou se tornando muito reclusa. Você precisa fazer um esforço extra para se reconectar, para não ficar muito absorvida em sua própria jornada em detrimento dos seus relacionamentos com as outras pessoas. Passar muito tempo sozinha pode ter um impacto negativo, dando origem a sentimentos deletérios de autocomiseração e dúvida com relação a si mesma.

A RODA DA FORTUNA

A RODA DA FORTUNA

PLANETA REGENTE Júpiter **SIGNO DO ZODÍACO** Sagitário e Peixes
ELEMENTO Fogo **SIM OU NÃO** Sim **PALAVRAS-CHAVE NA POSIÇÃO NORMAL** Chamado do destino, sorte, karma, ponto de virada, ciclos, destino, novos começos.
PALAVRAS-CHAVE NA POSIÇÃO INVERTIDA Má sorte, falta de controle, quebrar ciclos, resistência à mudança, karma ruim.

A Jornada do Louco

Na sua jornada, o Louco passa por uma roda d'água. Ele vê uma mulher sentada perto dela e ela lhe oferece uma bebida. Enquanto bebe, ele observa a roda em movimento e percebe que tudo tem seu próprio ciclo, incluindo os padrões do destino em sua própria vida. Ele reflete sobre o fluxo e refluxo da própria sorte e é grato pela bênção da mulher, que lhe ofereceu uma bebida quando ele estava com sede.

Significado na posição normal

Essa carta está repleta de simbolismo esotérico. As quatro bestas aladas representam os signos fixos do zodíaco: o anjo representa Aquário, a águia representa Escorpião, o touro é o símbolo do signo de Touro e o signo de Leão é representado pelo leão. Juntos, eles simbolizam a estabilidade em um mundo em constante mudança. O livro simboliza a sabedoria dessas criaturas aladas.

A serpente vermelha, um antigo símbolo de renascimento, está se movendo para baixo para representar a força da vida entrando no mundo físico. O chacal vermelho, representando Anúbis, o deus egípcio dos mortos, simboliza a ascensão da nossa força vital de volta ao mundo espiritual. Eles mostram a associação dessa carta com o ciclo de nascimento e morte, e novos começos e finais;

pode ser um sinal de que você chegou a um ponto de virada ou está entrando numa fase diferente da vida. Aproveite as energias expansivas do planeta regente Júpiter para impulsionar você adiante.

A própria roda simboliza a natureza da vida, sempre em movimento e em constante mudança. O círculo do meio contém os símbolos alquímicos do mercúrio, da água, do sal e do enxofre, simbolizando os quatro elementos. A roda externa contém as letras hebraicas YHVH, que é o nome impronunciável de Deus. Entre elas estão as quatro letras latinas TORA, consideradas uma versão da palavra "Torá", que significa "lei".

Significado na posição invertida

Invertida, essa carta pode representar má sorte ou mudanças indesejadas e inesperadas que fazem você se sentir impotente. É um sinal para refletir sobre as decisões que trouxeram você a este momento e ver o que poderia fazer de diferente para melhorar sua situação. É hora de retomar o controle da sua vida e destino, mas lembre-se de que você aprende mais com a adversidade do que com a sorte.

XI

A JUSTIÇA

A JUSTIÇA

PLANETA REGENTE Saturno   SIGNO DO ZODÍACO Libra   ELEMENTO Ar
SIM OU NÃO Sim, se for uma questão moral   PALAVRAS-CHAVE NA POSIÇÃO NORMAL Equilíbrio, imparcialidade, justiça, lei, julgamentos, advogados, causa e efeito, balança do destino, verdade, corrigir erros.   PALAVRAS-CHAVE NA POSIÇÃO INVERTIDA Injustiça, falta de responsabilidade, desonestidade, atraso na justiça, preconceito.

Jornada do Louco

À medida que O Louco continua sua jornada, ele passa a refletir sobre a vida. Ele começa a compreender que tudo na vida tem consequências, boas e ruins, e percebe o que significa assumir responsabilidade pelas próprias ações. Ele pensa nos momentos em que prejudicou os outros ou foi prejudicado e entende a necessidade de lidar com cada situação da vida com justiça, equilíbrio e respeito.

Significado na posição normal

A carta da Justiça está associada à verdade, à equidade, ao equilíbrio e à correção dos erros. Ela representa uma mulher sentada entre duas colunas com um fundo roxo atrás dela. As colunas representam equilíbrio e dualidade e são muitas vezes conhecidas como Severidade e Misericórdia. As colunas são cinza porque são uma mistura do preto e do branco das colunas da carta da Sacerdotisa, para representar ainda mais a associação dessa carta com o equilíbrio e a manutenção do equilíbrio. Essa carta pode indicar a necessidade de trazer equilíbrio para sua vida, para que você possa construir uma sensação de estabilidade.

A mulher segura uma espada apontada para cima, que representa o intelecto e como ele é usado para fazer justiça. A espada tem dois gumes para representar a justiça, que corta nos dois sentidos (ela pode condenar ou inocentar), outro símbolo de dualidade. A mulher segura a espada na mão direita para representar a necessidade de lógica ao tentar aplicar a lei de maneira justa e equitativa.

A balança da justiça está na frente. Ela mostra que todas as nossas ações têm consequências, pois é na balança que nossas ações são pesadas e julgadas. Isso é um sinal de que você pode precisar tomar uma decisão importante que pode ter um impacto de longo prazo em sua vida.

Significado na posição invertida

A carta da Justiça invertida representa injustiça, falta de equidade e atraso em obter justiça. Você também pode não estar assumindo a responsabilidade por suas ações a ponto de culpar os outros; talvez precise se responsabilizar. A carta da Justiça invertida também pode ser um sinal de que você está sendo tratada injustamente ou sendo acusada de algo que não fez.

O ENFORCADO

PLANETA REGENTE Netuno **SIGNO DO ZODÍACO** Peixes **ELEMENTO** Água **SIM OU NÃO** Não **PALAVRAS-CHAVE NA POSIÇÃO NORMAL** Fé, pausa, rendição, desapego, paciência, sacrifício, novas perspectivas. **PALAVRAS-CHAVE NA POSIÇÃO INVERTIDA** Atrasos, ego, impulsividade, resistência, indecisão, procrastinação, oportunidades perdidas.

A jornada do Louco

Ao longo da sua jornada, O Louco começa a refletir sobre como ele tem negligenciado sua espiritualidade ultimamente. É um dia quente, então ele decide parar à sombra de uma árvore para pensar. Ele acabou de encontrar um local confortável quando algo acerta sua cabeça. O Louco olha para cima e vê um homem pendurado na árvore, de cabeça para baixo e por uma perna. Ele percebe que foi atingido por uma moeda que caiu do bolso do homem. O Louco pergunta por que ele está sendo tão descuidado com seu dinheiro. O homem explica que, às vezes, precisamos ver a vida de uma perspectiva completamente nova. Inspirado pelas palavras do homem, O Louco sobe na árvore e se pendura de cabeça para baixo.

Significado na posição normal

A carta do Enforcado é sobre ver o mundo de uma perspectiva diferente. Nela, um homem está suspenso de cabeça para baixo, numa árvore em forma de T, conhecida como Tau. A cruz Tau é um símbolo do ponto de encontro entre a terra e o céu, o que mostra o significado espiritual mais profundo dessa carta. Isso também é demonstrado pela conexão da carta com Netuno, o planeta da espiritualidade.

O pé direito do homem está preso à árvore e sua perna esquerda está dobrada no joelho, encolhida atrás da perna direita, o que indica que você pode primeiro ter que colocar as coisas em estado de espera antes de poder avançar. Essa carta pede que você se entregue ao momento presente e deixe para trás aquilo que a prende, para ver as coisas de uma perspectiva diferente. O halo de luz ao redor da sua cabeça simboliza a nova compreensão que ele adquiriu. Os braços do Enforcado estão dobrados atrás das costas; isso, junto com a corda ao redor do seu pé, pode indicar que você se sente aprisionada ou presa a uma situação, ou representar confinamento.

Significado na posição invertida

O Enforcado invertido pode indicar atrasos e indecisão. Pode ser um sinal de que você está resistindo à mudança, possivelmente perdendo oportunidades disponíveis, o que pode ser frustrante e fazer com que você fique estagnada. Por outro lado, essa carta também pode simbolizar impulsividade e ser um indicativo de que você não está pensando antes de agir.

XII

O ENFORCADO

A MORTE

PLANETA REGENTE Plutão   **SIGNO DO ZODÍACO** Escorpião   **ELEMENTO** Água   **SIM OU NÃO** Não   **PALAVRAS-CHAVE NA POSIÇÃO NORMAL** Finais e começos, mudança, deixar ir, transição, renascimento, transformação.   **PALAVRAS-CHAVE NA POSIÇÃO INVERTIDA** Recusar-se a deixar ir, purificação interior, transformação pessoal, resistência à mudança.

A jornada do Louco

O Louco continua sua jornada. Enquanto caminha por uma trilha sombria na floresta, ele olha para a esquerda e vê um esqueleto vestindo uma armadura e montando um cavalo branco. No mesmo instante, O Louco sabe que é A Morte e se pergunta se ele próprio morreu, mas a Morte explica que está ali para ajudá-lo a deixar para trás o que não serve mais e abrir caminho para um novo começo. A Morte diz que esse processo pode ser doloroso, mas valerá a pena, pois ajudará O Louco a florescer e crescer. Em seguida, A Morte desaparece, deixando O Louco com uma sensação positiva sobre a transformação que está acontecendo em sua vida.

Significado na posição normal

A Morte é a carta de tarô mais incompreendida de todas. É temida por sinalizar uma morte física (o que raramente é o caso), mas, na verdade, ela simboliza que você está chegando ao fim de uma fase da sua vida e está prestes a começar uma nova. É um lembrete para deixar o passado para trás e olhar para a frente. Essa carta mostra um esqueleto numa armadura, montado num cavalo branco e carregando um estandarte com uma rosa branca de cinco pétalas, representando a Virgem Maria, um símbolo do céu e da vida após a morte.

No baralho original de Waite-Smith, a carta da Morte mostra um homem vestido com roupas elegantes, deitado morto no chão e, à frente do cavalo, uma mulher e uma criança ajoelhadas imploram pela própria vida. Um bispo está ao lado da mulher e da criança, suplicando para que a morte poupe também a ele. Ao longe, barquinhos flutuam no rio, simbolizando os barcos que escoltam os mortos para a vida após a morte em muitas tradições mitológicas. Esse detalhe destaca o aspecto transformador da carta da Morte, bem como sua associação com Escorpião, o signo da transformação.

Significado na posição invertida

Quando a carta da Morte está invertida, ela pode indicar que você está resistindo à mudança. Você pode temer a transformação que ela trará, mas, ao se apegar ao passado, está perdendo oportunidades de crescimento. Você pode estar tendo dificuldades em abandonar crenças limitantes e energias negativas que não lhe servem mais. É hora de liberar e purgar essas coisas da sua vida para que você possa abrir um caminho claro para o futuro.

XIII

A MORTE

A TEMPERANÇA

PLANETA REGENTE Júpiter   **SIGNO DO ZODÍACO** Sagitário   **ELEMENTO** Fogo   **SIM OU NÃO** Sim   **PALAVRAS-CHAVE NA POSIÇÃO NORMAL** Paciência, equilíbrio, moderação, harmonia, agentes de cura, propósito, recuperação, autocontrole. **PALAVRAS-CHAVE NA POSIÇÃO INVERTIDA** Desequilíbrio, excesso, vícios, irritabilidade, inquietude, necessidade de entrar em sintonia outra vez.

A Jornada do Louco

Após seu encontro com a Morte, O Louco segue para um novo capítulo em sua vida. Caminhando pela estrada, ele encontra um anjo segurando duas taças, misturando os quatro elementos, fundindo-os ao derramá-los de uma taça para outra. O Louco pergunta ao anjo como ele consegue misturar elementos opostos. O anjo lhe diz que todas as coisas podem ser equilibradas na vida, nas proporções certas, com paciência, sabedoria e esforço.

Significado na posição normal

A carta da Temperança representa o equilíbrio e isso é fortemente refletido em seu simbolismo. No baralho Waite-Smith, o anjo tem um pé numa poça rasa de água e o outro pé sobre uma pedra, simbolizando o equilíbrio entre nosso corpo e as emoções, e a necessidade de se manter enraizado no momento presente. É um estímulo para encontrar o próprio senso de equilíbrio e um lembrete para se manter com os pés no chão.

Olhando de perto para o anjo, pode-se ver que ele é uma manifestação de energias masculinas e femininas, também para significar o equilíbrio. Na frente das vestes dele, há o símbolo de um triângulo dentro de um quadrado, representando que nós, como seres humanos (o triângulo), estamos ligados pelas leis naturais da Terra (o quadrado). Nas mãos do anjo estão duas taças, e ele está derramando água de uma taça para a outra, representando o fluxo da vida. Esse é um lembrete para recuperar o fluxo, estabilizar a energia e restaurar o equilíbrio em sua vida. Também é o símbolo da alquimia – como partes separadas podem se fundir para criar algo novo e incrível.

Significado na posição invertida

A carta da Temperança invertida indica que você pode estar passando por um período de desequilíbrio e isso pode estar lhe causando irritabilidade ou inquietação. É um momento para restaurar esse equilíbrio e realinhar-se, especialmente se a perda de equilíbrio for causada por excessos (seja álcool, seja comportamentos extremos que você possa ter adotado). Você precisa romper com qualquer ciclo negativo já presente para que a vida possa fluir novamente na direção certa.

XIV

A TEMPERANÇA

O DIABO

PLANETA REGENTE Saturno   **SIGNO DO ZODÍACO** Capricórnio   **ELEMENTO** Terra   **SIM OU NÃO** Não   **PALAVRAS-CHAVE NA POSIÇÃO NORMAL** Vício, apegos, sexualidade, restrição, materialismo, negação, sombra pessoal, medo.   **PALAVRAS-CHAVE NA POSIÇÃO INVERTIDA** Desapego, disciplina, trabalho árduo, libertação de restrições, recuperação.

A jornada do Louco

A jornada do Louco o leva até uma montanha onde ele se depara com O Diabo. Metade homem, metade bode, ele está ao lado de pessoas acorrentadas, entregando-se a todo tipo de desejo: comida, vinho e sexo. O Louco fica horrorizado. Ele grita que não cederá à tentação e a ser acorrentado. O Diabo enfatiza que as correntes estão frouxas e as pessoas podem escapar se quiserem, mas elas preferem ficar. O Diabo diz a ele que não há vergonha nenhuma em ter desejos, só é preciso aprender a controlá-los.

Significado na posição normal

O Diabo aparece como Baphomet, uma criatura metade homem e metade bode, que simboliza o equilíbrio e a dualidade em várias tradições ocultas. Ele representa o equilíbrio entre o bem e o mal, o escuro e o claro, e o masculino e o feminino. Sua mão direita está erguida, oferecendo uma bênção, e sua mão esquerda segura uma tocha acesa. Seus chifres representam sua natureza animal e sua teimosia.

A carta do Diabo representa a escravidão, simbolizada pelas correntes. Ela pode indicar que você está se sentindo aprisionada, restringida ou tendo problemas com vícios. No entanto, as correntes soltas indicam que há uma saída. Elas mostram que você tem o poder de superar essas restrições escolhendo seu bem-estar a longo prazo. O casal tem chifres e um rabo para representar a indulgência excessiva; quanto mais tempo passam com O Diabo, mais ficam como ele. As uvas e uma folha de uva simbolizam a sexualidade e a luxúria. Por isso, O Diabo está associado ao signo de Capricórnio, que representa o mundo físico, por ser um signo de Terra.

Significado na posição invertida

A carta do Diabo invertida indica que você logo pode se libertar de uma situação difícil. Ela também pode simbolizar a necessidade de você se libertar das restrições que a afligem atualmente. Essa carta está instigando você a superar uma situação difícil e se desvincular dela, ou a vencer vícios ou hábitos ruins. Indica que você pode estar perto de uma grande mudança, mas primeiro você precisa eliminar essas restrições. Pode não ser fácil e exigirá disciplina para enfrentar algumas ligações emocionais não saudáveis, mas valerá a pena.

XV

O DIABO

XVI

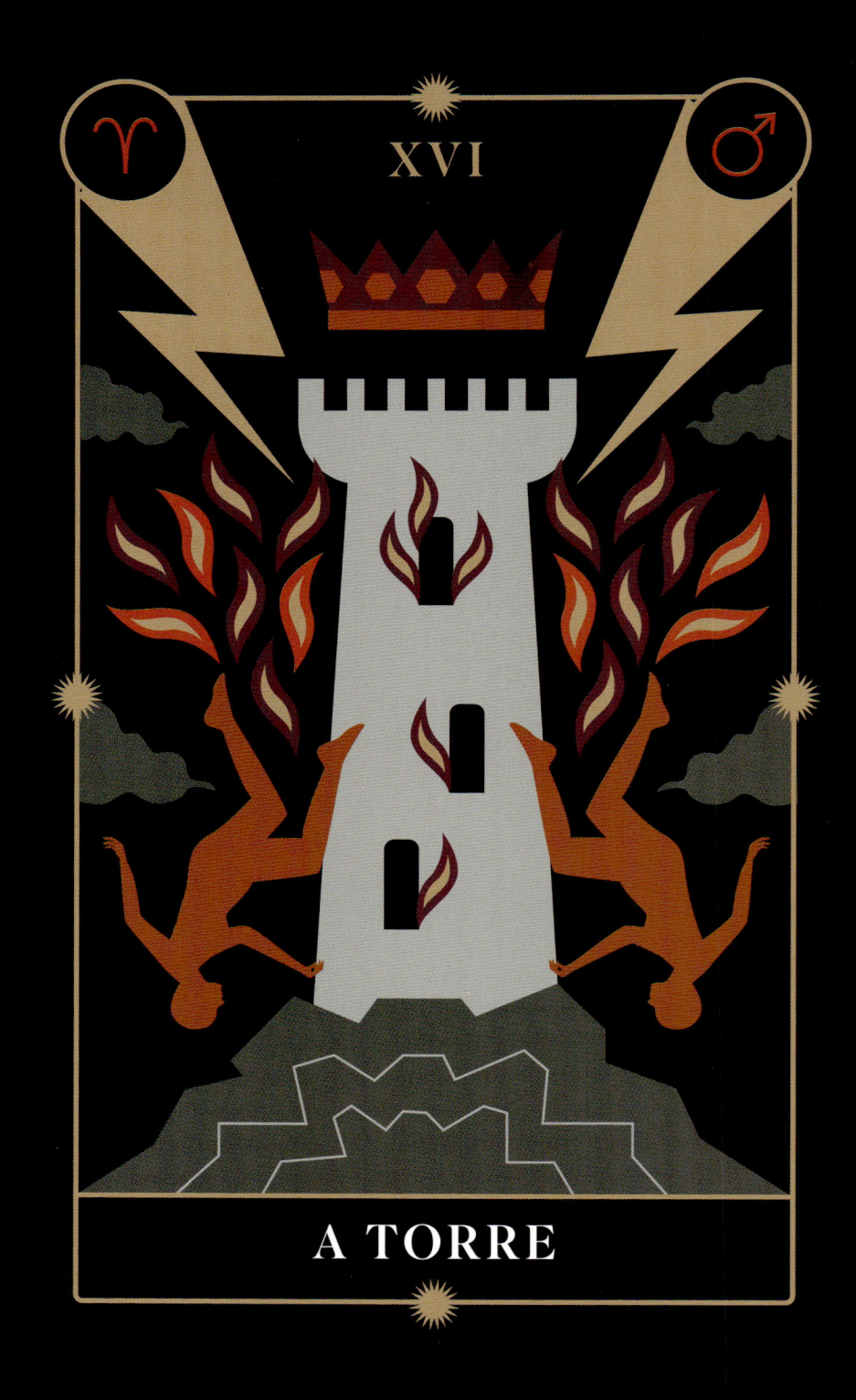

A TORRE

A TORRE

PLANETA REGENTE Marte   **SIGNO DO ZODÍACO** Áries   **ELEMENTO** Fogo
SIM OU NÃO Não   **PALAVRAS-CHAVE NA POSIÇÃO NORMAL** Destruição, mudança repentina, caos, mentiras, turbulência, despertar, mudança forçada, sofrimento.
PALAVRAS-CHAVE NA POSIÇÃO INVERTIDA Medo da mudança, evitar desastres, evitar correr riscos, perigo postergado.

A Jornada do Louco

O Louco começa a descer a montanha. No caminho, ele se depara com uma bela torre de pedra. Ele para por um instante para admirar a beleza da torre quando, de repente, um raio a atinge, incendiando-a. Os residentes da torre saltam pelas janelas. O Louco fica chocado; ele nunca viu algo acontecer tão subitamente diante dos seus olhos e não consegue entender muito bem o que aconteceu. Então, ele percebe e entende que a torre simboliza seu passado, quando mudanças repentinas ocorrem, trazendo tumulto e caos em seu rastro. A única coisa a fazer é partir para a reconstrução, utilizando as sólidas fundações que permanecem após o acidente.

Significado na posição normal

A carta da Torre mostra uma torre de pedra, no topo de uma montanha rochosa. A carta está associada à destruição, à mudança repentina e ao caos, simbolizados pelo raio atingindo a torre e causando o incêndio. O raio derruba a coroa do topo, o que simboliza que se trata de uma torre da realeza. O raio em si representa um golpe contra o materialismo; é um lembrete para você olhar para si mesma e se certificar de que não esteja se envolvendo demais com as coisas materiais. A torre inteira está em chamas, deixando as pessoas ali dentro sem escolha, a não ser se jogarem pelas janelas. Como as chamas aumentam, a carta é um lembrete de que não se pode domar a natureza.

A própria torre está num terreno rochoso, uma base instável onde se construir. Foi preciso apenas um raio para destruí-la. Isso pode representar que seus objetivos e ambições estão sendo construídos sobre bases frágeis, e é um lembrete para você garantir que seus planos sejam alicerçados sobre fundações duráveis. Com toda essa destruição, não é surpresa que essa carta seja representada por Marte, o planeta da guerra.

Significado da posição invertida

A Torre invertida pode mostrar que você tem medo da mudança e, como resultado, está resistindo a ela. Você está adiando a transformação necessária para o crescimento pessoal e espiritual e, quanto mais adia o inevitável, mais você aumenta o desconforto e o sofrimento que o acompanham. Aceite a mudança e o fluxo da vida; você está sendo transformada num ser novo e melhorado.

XVII

A ESTRELA

A ESTRELA

PLANETA REGENTE Urano **SIGNO DO ZODÍACO** Aquário **ELEMENTO** Ar **SIM OU NÃO** Sim **PALAVRAS-CHAVE NA POSIÇÃO NORMAL** Esperança, fé, possibilidades, guia espiritual, amor, felicidade, destino. **PALAVRAS-CHAVE NA POSIÇÃO INVERTIDA** Esperança perdida, desespero, desconexão, baixa confiança, negatividade.

A Jornada do Louco

O Louco se senta para olhar a torre. Ainda não consegue compreender a devastação ou como tudo aconteceu tão rápido. Ele está chocado ao ver como a vida pode ser sombria quando avista uma mulher perto de um riacho. Ela está usando dois jarros para encher uma lagoa. O Louco se aproxima dela e pergunta por que ela está fazendo aquilo. A mulher explica que está reabastecendo a lagoa para que os viajantes passam tomar água fresca. O Louco, agradecido, aceita um gole e começa a sentir uma profunda sensação de paz enquanto olha para as estrelas no céu noturno. Ele se sente esperançoso e otimista em relação à vida outra vez.

Significado na posição normal

A carta da Estrela mostra uma mulher segurando dois jarros. Sua mão direita (representando o subconsciente) despeja água de um jarro na lagoa à beira da qual ela está ajoelhada. Sua mão esquerda (representando o consciente) despeja água do jarro sobre a vegetação no chão, para regá-la. Isso simboliza esperança, renovação e otimismo. É um sinal de que, se as coisas têm sido difíceis para você ultimamente, tempos melhores se avizinham.

A grande estrela de seis pontas representa a estrela da manhã, o que associa essa carta ao planeta Vênus, a estrela mais brilhante no céu da alvorada. Ela também simboliza espiritualidade, indicando que você tem uma sensação renovada de si mesma e está se sentindo em sintonia com o universo. As sete estrelas menores representam os sete chakras e também as Plêiades: as sete órfãs que se transformaram em pombas e, em seguida, estrelas, depois de serem ignoradas por sua tribo após a morte dos pais. Elas representam o enfrentamento da tristeza e a renovação da esperança.

Significado na posição invertida

A carta da Estrela invertida é um símbolo de esperança perdida, desespero e falta de confiança. Embora essa carta indique que você perdeu as esperanças, sua situação não é tão desoladora quanto imagina. Ela pode indicar que você se sente sobrecarregada pelas atividades do dia a dia, mas que pode mudar essa situação com uma mudança de atitude. Ela é um lembrete de que comportamentos antigos, crenças e pensamentos não ajudarão seu crescimento. É também um sinal para desafiar suas crenças fundamentais para ver se ainda estão em sintonia com quem você é.

XVIII

A LUA

A LUA

PLANETAS REGENTES Júpiter e Netuno   **SIGNO DO ZODÍACO** Peixes   **ELEMENTO** Água   **SIM OU NÃO** Não   **PALAVRAS-CHAVE NA POSIÇÃO NORMAL** Ilusões, desilusão, segredos, sonhos, sono, emoção, confusão, influência, fantasia, influência   **PALAVRAS-CHAVE NA POSIÇÃO INVERTIDA** Medo, ansiedade, pressão, confusão mental, decepção, sombras.

A Jornada do Louco

Guiado pelas estrelas, o Louco continua sua jornada. À medida que a Lua se eleva no céu, ela ilumina seu caminho quando, de repente, ele passa entre duas árvores e se vê numa terra estranha. Ele sente como se estivesse sonhando; vê criaturas desconhecidas correndo e flores bizarras que brilham no escuro, mas nada é o que parece. O Louco se sente ansioso porque a Lua controla a mente subconsciente; ele também está vulnerável a ilusões que seduzem e confundem. Ele precisa decidir se permanece nesse mundo estranho ou se volta à realidade.

Significado na posição normal

A Lua está associada a ilusões, fantasias e confusão mental, o que significa que nem tudo é como parece. Ela é uma indicação de que você pode não ter todas as informações necessárias para fazer uma escolha ou tomar uma decisão. Pode haver ilusões, confusão e segredos, mas, com a influência do signo zodiacal regente Peixes, a confiança na sua intuição pode ajudar a revelar a verdade.

A carta da Lua mostra uma Lua Cheia, posicionada no céu noturno entre duas torres, que simbolizam ganho material e posses capazes de afetar sua jornada espiritual se regerem a sua vida. A presença da Lua influencia o mundo natural e as criaturas da carta. A água representa nosso subconsciente e nossas emoções, e o lagostim emergindo dela é um símbolo de nossa consciência psíquica aflorando. O cão e o lobo uivando para a Lua representam o equilíbrio entre forças opostas: os aspectos subjugados e selvagens da nossa mente. O fato de uivarem para algo que não podem alcançar pode ser um sinal de que você também está perseguindo algo inalcançável em sua própria vida, o que pode estar causando ansiedade.

Significado na posição invertida

A carta da Lua invertida muitas vezes é um símbolo da necessidade de liberar e eliminar qualquer energia negativa ligada a você, uma vez que isso pode ajudar a aliviar quaisquer sentimentos de ansiedade. Esta carta muitas vezes significa que você pode estar enganando a si mesma consciente ou inconscientemente no que se refere a algo na sua vida, o que pode ter um impacto negativo em seu bem-estar e na sua saúde mental. A Lua é um lembrete de que esconder ou ignorar emoções, sentimentos ou situações difíceis não resolverá nenhum problema; em vez disso, você está prolongando sua dor e seu desconforto.

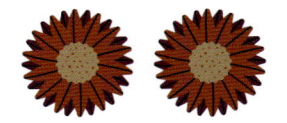

O SOL

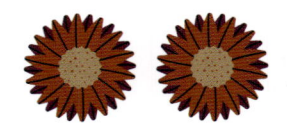

PLANETA REGENTE Sol **SIGNO DO ZODÍACO** Leão **ELEMENTO** Fogo **SIM OU NÃO** Sim **PALAVRAS-CHAVE NA POSIÇÃO NORMAL** Positividade, calor, plenitude, sucesso, clareza, vitalidade, radiância. **PALAVRAS-CHAVE NA POSIÇÃO INVERTIDA** Tristeza, oscilação de humor, sensação de esgotamento, desânimo, depressão.

A Jornada do Louco

Quando o Louco acorda, ele se vê num belo jardim. O Sol está brilhando mais intensamente do que ele jamais viu, a ponto de quase cegá-lo. Conforme seus olhos se ajustam ao brilho, ele vê uma criança brincando por perto. A criança acena para ele e pergunta se ele quer brincar, então O Louco se aproxima. Após passar algum tempo brincando com o menino, ele se sente preenchido com a alegria de uma criança inocente. Fazia muito tempo que ele não se sentia tão feliz e despreocupado. Ele percebe que a criança iluminou sua alma e renovou seu espírito, enchendo-o de curiosidade e felicidade.

Significado na posição normal

A carta do Sol representa otimismo e abundância, positividade e sucesso, simbolizados pelo brilho intenso do Sol que irradia calor e vitalidade. Ele é a fonte de toda a vida na Terra e essa energia pode ajudar a sustentá-la e lhe dar força quando a vida ficar difícil. Graças ao signo zodiacal dominante, Leão, o Sol também representa criatividade. O Sol surge quando você precisa de garantias de que tempos melhores estão por vir. Lembre-se de que a noite fica mais escura justo antes do amanhecer, mas o Sol sempre irá nascer.

No Tarô Waite-Smith, uma criança pequena monta um cavalo branco, ambos simbolizando inocência e pureza. A criança está nua para simbolizar liberdade e o fato de que a criança não tem nada a esconder e não tem vergonha nem constrangimento. A criança segura uma bandeira vermelha, a cor magicamente associada ao Sol, que representa vivacidade, felicidade e paixão. Os quatro girassóis da carta são representações terrenas do Sol, mas também estão associados à lealdade e à longevidade.

Significado na posição invertida

A carta do Sol invertida pode ser um sinal de que você se esgotou a ponto de precisar de um descanso. Também pode significar que você está focando demais nos aspectos negativos da vida e está lutando para enxergar o positivo, o que torna a felicidade mais difícil de alcançar. O Sol invertido pode indicar depressão, tristeza e pessimismo, e que você pode estar procurando felicidade e plenitude nos lugares errados, como em posses materiais ou em relacionamentos inadequados.

XIX

O SOL

O JULGAMENTO

PLANETA REGENTE Plutão SIGNO DO ZODÍACO Escorpião ELEMENTO Fogo SIM OU NÃO Neutra PALAVRAS-CHAVE NA POSIÇÃO NORMAL Perdão, renovação, renascimento, escolhas, passado, arrependimento, redenção PALAVRAS-CHAVE NA POSIÇÃO INVERTIDA Insegurança, autocrítica, medo, ansiedade, falta de autoconsciência, o desconhecido.

A Jornada do Louco

O Louco se sente rejuvenescido. Quando se senta na grama ao sol, ele se sente forte o suficiente para olhar para o passado, assumir a responsabilidade por suas ações e perdoar a si mesmo por todos os seus erros. Ele sente que sua jornada está chegando ao fim e precisa de orientação. Quando O Louco olha para cima, ele vê um anjo que lhe diz que é hora de fazer as pazes com o passado e deixá-lo ir para que ele não carregue mais nenhum sentimento de culpa, vergonha ou raiva. É hora de deixar o passado para trás e seguir em frente, rumo à parte final da sua jornada.

Significado na posição normal

No baralho Waite-Smith, a carta do Julgamento mostra o Arcanjo Gabriel, o mensageiro de Deus, surgindo de uma nuvem no céu, tocando trombeta. Mostra também um homem, uma mulher e uma criança em primeiro plano, assim como outras pessoas ao fundo, saindo de caixões. Isso representa a ressurreição do corpo após a morte, bem como liberdade e, graças ao planeta regente Plutão, também simboliza renovação. A palavra "julgamento" tem conotações negativas, mas essa não é necessariamente uma carta negativa; ela também significa um novo começo positivo, após o renascimento.

O Julgamento pode ser um sinal de que é preciso deixar o passado para trás. É hora de se perdoar pelos seus erros para poder seguir em frente. Essa carta também pode indicar uma decisão que mudará sua vida, e que você pode usar as lições do passado para ajudá-la a fazer uma escolha agora. O Julgamento pode ser um sinal de que você está julgando os outros com muita severidade ou de que está sendo julgada injustamente. Ao fundo, as montanhas simbolizam que não se pode evitar o julgamento.

Significado na posição invertida

A carta do Julgamento invertida é um sinal de que você está ouvindo demais o seu crítico interior e isso pode estar gerando sentimentos de insegurança e ansiedade, impedindo-a de avançar na vida. Você está sendo muito dura consigo mesma e esse rigor pode estar sendo alimentado pelo medo. A carta do Julgamento invertida pode ser uma indicação de que você não está aprendendo as lições do passado e continua cometendo os mesmos erros. É hora de superar a insegurança e o medo e aprender a confiar na direção em que o Universo está levando você.

XX

O JULGAMENTO

O MUNDO

PLANETA REGENTE Saturno **SIGNO DO ZODÍACO** Libra **ELEMENTO** Terra **SIM OU NÃO** Sim **PALAVRAS-CHAVE NA POSIÇÃO NORMAL** Conclusão, jornada, sucesso, conquistas, fim de um ciclo, realização. **PALAVRAS-CHAVE NA POSIÇÃO INVERTIDA** Atrasos, falta de reconhecimento, impedimento em avançar, atalhos, desarmonia.

A Jornada do Louco

Depois de deixar o passado para trás, O Louco sabe que sua jornada chegou ao fim. Ele se encontra à beira do penhasco onde começou sua jornada. O Mundo lhe mostra que tudo acontece em ciclos e ele completou o ciclo do seu próprio caminho. Ele se sente conectado com o mundo e completo, realizado e inteiro. Olha para tudo o que conquistou e realizou, e sorri para si mesmo, orgulhoso do seu sucesso. O Louco não é mais louco.

Significado na posição normal

A carta do Mundo está associada ao sucesso, à realização e ao triunfo. Tudo começou a se encaixar em sua vida, à medida que seu trabalho árduo dá frutos. A carta em si mostra uma mulher envolta num pano roxo, representando a coragem que tem sido necessária para chegar aonde você está agora. Duas varinhas brancas simbolizam sabedoria espiritual, o que pode indicar uma sensação de plenitude espiritual e emocional. A coroa de louros ao redor da mulher simboliza um ciclo contínuo. É um sinal de que você está chegando ao fim de algo em sua vida e é hora de avançar com confiança e o conhecimento de tudo o que conquistou e realizou.

As quatro figuras nos cantos da carta representam os quatro signos fixos do zodíaco. O Leão simboliza coragem e bravura (Leão), o touro representa poder físico (Touro), o anjo simboliza proteção e orientação (Aquário) e a águia representa poder e visão (Escorpião). Essas figuras também simbolizam os quatro naipes do tarô, as quatro estações, as quatro direções e os quatro cantos do mundo, representando que o Universo inteiro é uma coisa só.

Significado na posição invertida

A carta do Mundo invertida pode indicar que você está lutando arduamente para alcançar os objetivos que estabeleceu. Essa carta simboliza falta de sucesso e a decepção que ela gera. Pode parecer que você está estagnada em vez de avançar. É um lembrete de que não há substituto para o trabalho árduo e que tomar atalhos não a ajudará a alcançar seus objetivos a longo prazo. A carta do Mundo invertida também pode simbolizar que você não está recebendo o reconhecimento que merece por todo o seu trabalho árduo e suas conquistas.

XXI

O MUNDO

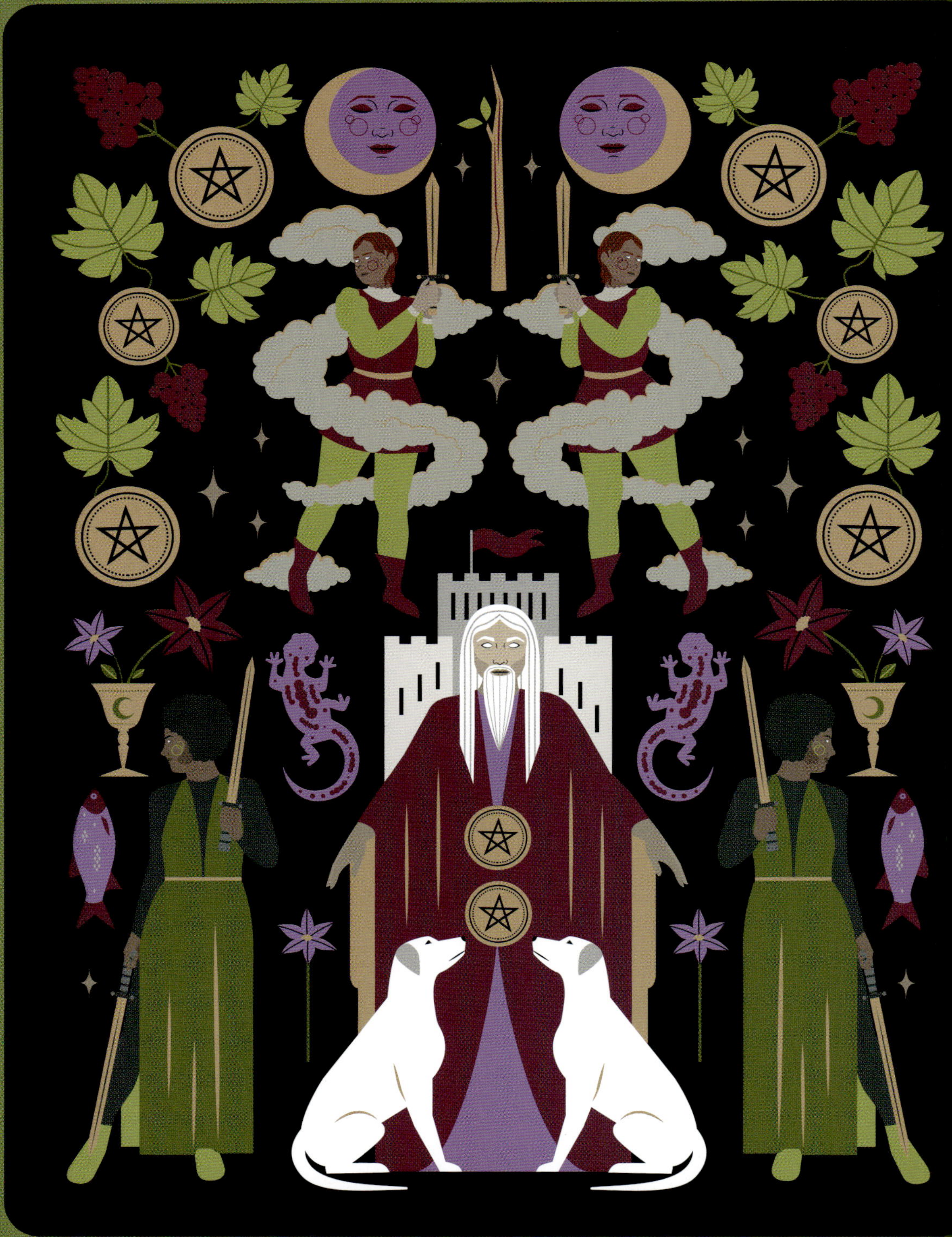

4
OS ARCANOS MENORES

Os Arcanos Menores são a segunda parte do baralho de tarô e consistem em 56 cartas. Eles representam nossa vida cotidiana e os desafios e dificuldades que enfrentamos ao longo do caminho. Divididos em quatro naipes (Copas, Paus, Ouros e Espadas), cada naipe contém 14 cartas numeradas de 1 (Ás) a 10, e 4 cartas da corte: Valete, Cavaleiro, Rainha e Rei. Juntas, as cartas da Corte simbolizam diferentes características de personalidade e, numa leitura, muitas vezes representam pessoas da nossa vida ou a energia de que precisamos naquele momento. Embora as cartas da Corte sejam, por tradição, associadas a determinados gêneros, quando se trata de interpretá-las, elas podem representar qualquer gênero.

O naipe é importante ao interpretar o simbolismo de uma carta. Cada naipe está associado a energias, elementos e signos do zodíaco específicos, o que pode adicionar uma camada de profundidade às suas leituras. O Naipe de Copas está associado ao elemento Água, aos signos do zodíaco Câncer, Peixes e Escorpião, e a tudo relacionado a emoções, sentimentos, intuição e criatividade. O Naipe de Paus está associado ao elemento Fogo, aos signos do zodíaco Áries, Leão e Sagitário, e aos temas da energia, paixão e motivação. O Naipe de Ouros está associado ao elemento Terra, aos signos do zodíaco Touro, Virgem e Capricórnio, e a temas associados ao mundo material, como dinheiro, trabalho e saúde. E o Naipe de Espadas está associado ao elemento Ar, aos signos do zodíaco Gêmeos, Libra e Aquário, e aos temas dos pensamentos, das ações, das palavras e da comunicação.

O NAIPE DE COPAS

ÁS
de Copas

PLANETA REGENTE Lua **SIGNOS DO ZODÍACO** Câncer, Escorpião e Peixes **ELEMENTO** Água **SIM OU NÃO** Sim **PALAVRAS-CHAVE NA POSIÇÃO NORMAL** Amor, novos começos, compaixão, novos relacionamentos, criatividade, intuição, espiritualidade. **PALAVRAS-CHAVE NA POSIÇÃO INVERTIDA** Vazio, perda emocional, criatividade bloqueada, sentimento de não ser amado.

Significado na posição normal

O Ás de Copas mostra uma mão, que simboliza a mão de Deus. A nuvem esconde seu corpo, como um símbolo da sua natureza divina, e representa a consciência da sua própria energia espiritual. A pomba acima do cálice representa a espiritualidade, lembrando você de direcionar sua atenção para o seu lado espiritual e ficar aberta ao fluxo da energia espiritual que está fluindo através de você no momento.

Por ser um Ás, a carta representa novos começos, mas com ênfase em novos começos no amor, na compaixão e na empatia. Essa carta é um sinal para você se abrir ao fluxo do amor e da compaixão, que é representado pela água que transborda do cálice. Ela está associada aos três signos de Água: Peixes, Câncer e Escorpião, e, uma vez que o Naipe de Copas em si está ligado às qualidades da Água, é um lembrete para você se conectar à sua própria intuição e ouvir as mensagens que ela revela, além de entrar em contato com seu lado criativo.

Significado na posição invertida

Invertido, o Ás de Copas representa bloqueios emocionais ou criativos. A água agora não está mais fluindo, o que pode indicar tristeza, vazio ou o sentimento de não ser amada. Também representa emoções reprimidas que precisam ser liberadas. É hora de direcionar sua energia para dentro, cuidar de si mesma, afinal, você não pode derramar nada de uma taça vazia. Também é um sinal de que você não sente vontade de socializar, então não tenha medo de tirar um tempo para si mesma se necessário.

DOIS
de Copas

PLANETA REGENTE Vênus   **SIGNO DO ZODÍACO** Câncer   **ELEMENTO** Água   **SIM OU NÃO** Sim   **PALAVRAS-CHAVE NA POSIÇÃO NORMAL** Parceria, relacionamentos, união espiritual, unidade, atração mútua.   **PALAVRAS-CHAVE NA POSIÇÃO INVERTIDA** Má comunicação, términos, separação, desconfiança, desarmonia, tensão, desequilíbrio.

Significado na posição normal

O Dois de Copas representa o amor unificado, a parceria e os relacionamentos. No baralho Waite-Smith, essa carta mostra um homem e uma mulher trocando cálices em algum tipo de cerimônia em que declaram seu amor um pelo outro, o que explica por que essa carta é regida por Vênus, o planeta do amor. O casal na carta também pode simbolizar a união em termos gerais, bem como a junção de duas ideias diferentes.

Acima do casal está o Caduceu de Hermes, um bastão alado com duas serpentes enroladas nele. Esse é o símbolo tradicional de Hermes, o mensageiro dos deuses, e é usado para simbolizar ainda mais a conexão e a troca de energia entre duas pessoas, representadas também pelo leão. Essa carta é regida pelo signo zodiacal de Câncer, que representa as emoções associadas a ela, e é um sinal para procurar essas conexões de alma em sua própria vida. Seja num relacionamento romântico, seja num platônico, essa carta trata de duas pessoas que se unem para trazer à tona o melhor de si mesmas.

Significado na posição invertida

O Dois de Copas invertido pode indicar desconfiança, desarmonia e desentendimentos em seus relacionamentos. Isso pode decorrer da incompatibilidade ou da falta de disposição de ambas as partes para dedicar quantidades iguais de tempo e energia ao relacionamento. Essa falta de equilíbrio precisa ser sanada se você quiser avançar. Essa carta também pode ser um sinal de má comunicação e da necessidade de falar sobre suas emoções para liberar parte da tensão que está sentindo. Ela também pode representar separação e rompimentos se os problemas dos seus relacionamentos não forem abordados.

TRÊS
de Copas

PLANETA REGENTE Mercúrio **SIGNO DO ZODÍACO** Câncer **ELEMENTO** Água **SIM OU NÃO** Sim **PALAVRAS-CHAVE NA POSIÇÃO NORMAL** Amizade, criatividade, celebração, felicidade, colaborações, abundância, irmandade. **PALAVRAS-CHAVE NA POSIÇÃO INVERTIDA** Excesso de indulgência, excesso, isolamento, exaustão, fofoca, festas em excesso.

Significado na posição normal

O Três de Copas representa celebração alegre, irmandade e amizade. No baralho Waite-Smith, isso é simbolizado por três jovens dançando em círculo, cada uma segurando um cálice que erguem num brinde. Essa imagem indica que você está iniciando um período socialmente intenso, em que haverá muitas oportunidades para você se reunir com aqueles que lhe são caros. O planeta regente Mercúrio, o planeta da comunicação e da troca de energia, facilita esse período agitado, em que você se vê na companhia de muitas pessoas diferentes. Graças ao acolhedor Câncer, o signo zodiacal regente, a reunião com seus entes queridos permite que você ofereça amor, compaixão e zelo a eles e receba o mesmo.

Essa carta representa um período de abundância, que é simbolizado pelas flores aos pés das mulheres. É um sinal de que bons tempos estão por vir. Ela também representa colaboração e criatividade e é um convite para trabalhar num projeto criativo com outra pessoa, quando vocês poderão se inspirar mutuamente enquanto trabalham para alcançar um objetivo em comum.

Significado na posição invertida

O Três de Copas invertido representa excessos e indulgência. Essa carta pode ser um sinal de festas excessivas ou uma vida social muito agitada, que está deixando você sobrecarregada e exausta. É um lembrete de que tudo, até mesmo as coisas boas da vida, podem ser prejudiciais ao nosso bem-estar quando em excesso. Essa carta também sugere que você precisa sanar o desequilíbrio entre sua vida social e o tempo que dedica ao seu bem-estar. Reserve um tempo para descansar e se concentrar em si mesma.

QUATRO
de Copas

PLANETA REGENTE Lua SIGNO DO ZODÍACO Câncer ELEMENTO Água SIM OU NÃO Talvez PALAVRAS-CHAVE NA POSIÇÃO NORMAL Contemplação, estagnação, reavaliação, recusa em aproveitar novas oportunidades, depressão, tédio. PALAVRAS-CHAVE NA POSIÇÃO INVERTIDA Fim da estagnação, avanço, aproveitar oportunidades, motivação, entusiasmo.

Significado na posição normal

O Quatro de Copas representa oportunidades perdidas e falta de progresso. No baralho Waite-Smith, isso é simbolizado por um homem sentado debaixo de uma árvore, em estado de contemplação. Ele está tão envolvido em seus próprios pensamentos que não vê as taças sendo oferecidas a ele. Essa carta é um sinal de que você está recusando novas oportunidades que surgem em seu caminho. Avalie por que está recusando essas oportunidades para garantir que não está perdendo essas chances apenas porque está presa a uma rotina repetitiva. Nesse contexto, essa carta pode representar a perda de motivação na vida e pode ser um sinal de depressão, estagnação, tédio e decepção.

Regido pela Lua em Câncer, o Quatro de Copas sugere que você está sendo levada a permanecer em sua zona de conforto, mas isso pode fazer com que você relute em experimentar coisas novas. A decisão de deixar de lado o medo ou a dúvida permitirá que você veja as oportunidades ao seu redor e possa aproveitar ao máximo o que está sendo oferecido.

Significado na posição invertida

O Quatro de Copas invertido pode indicar que você está saindo de uma rotina. Se você sente que passou por um período de estagnação, essa carta indica que você está se sentindo mais motivada e energizada do que se sentiu há um tempo e está pronta para aproveitar as oportunidades que surgem em seu caminho. Você vinha resistindo a oportunidades e novas experiências ultimamente, mas agora está aproveitando todas com entusiasmo e usando-as para progredir.

CINCO
de Copas

PLANETA REGENTE Marte   SIGNO DO ZODÍACO Escorpião   ELEMENTO Água   SIM OU NÃO Não   PALAVRAS-CHAVE NA POSIÇÃO NORMAL Perda, decepção, tristeza, arrependimento, pessimismo, fracasso, luto.   PALAVRAS-CHAVE NA POSIÇÃO INVERTIDA Aceitação, seguir em frente, perdoar a si mesma, encontrar paz.

Significado na posição normal

O Cinco de Copas representa pessimismo, arrependimento e decepção. No baralho Waite-Smith, essa carta mostra um homem olhando para baixo, na direção de três taças tombadas no chão, que simbolizam perda e fracasso. Atrás do homem estão outras duas taças em pé, simbolizando potencial e oportunidades. Esse é um lembrete de que ainda há esperança, mesmo que uma situação pareça desesperadora. O homem concentra a atenção nas taças derrubadas, o que indica que você anda enfocando demais as dificuldades da vida e, como consequência, está perdendo novas oportunidades.

O homem usa um manto pesado, simbolizando o peso da tristeza e do pesar que você está sentindo. Você não consegue ser otimista e pode optar por permanecer pessimista porque não consegue deixar o passado para trás. Regida por Escorpião, o signo associado ao ciclo de nascimento e morte, essa carta é um lembrete de que quaisquer dificuldades que você enfrente não durarão para sempre.

Significado na posição invertida

O Cinco de Copas invertido é um convite para que você seja mais gentil consigo mesma. A vida pode ter se mostrado difícil ultimamente; você pode até estar se culpar pelas coisas que deram errado e se sentir culpada ou envergonhada por seus fracassos. É hora de se perdoar. Pare de se culpar e de se preocupar com o passado. Essa carta convida você a deixar para trás as coisas que a oprimem para que possa seguir em frente e encontrar paz. Você não pode mudar o passado, mas pode se esforçar para tornar o futuro o melhor possível.

SEIS
de Copas

PLANETA REGENTE Sol **SIGNO DO ZODÍACO** Escorpião **ELEMENTO** Água **SIM OU NÃO** Sim **PALAVRAS-CHAVE NA POSIÇÃO NORMAL** Reminiscência, nostalgia, lembranças, familiaridade, inocência, alegria. **PALAVRAS-CHAVE NA POSIÇÃO INVERTIDA** Perdão, viver no passado, seguir em frente, descoberta, independência.

Significado na posição normal

O Seis de Copas representa lembranças da infância, inocência e alegria. No baralho Waite-Smith, isso é simbolizado por um jovem oferecendo uma taça cheia de flores brancas a uma menina. As flores representam a pureza e a inocência das crianças, e o ato de dar a taça entre as figuras representa compartilhamento e generosidade.

A menina olha para o garoto com amor enquanto recebe a taça. As crianças representam um momento para recordar o passado e podem ser um sinal de que você tem sentido nostalgia ultimamente. Também pode indicar que algo do seu passado pode ressurgir em sua vida atual. Regida pelo Sol, essa carta está associada a positividade, afeto e felicidade, de representa um ótimo momento para se reunir com pessoas que você ama e compartilhar lembranças. Lembre-se dos tempos felizes que passaram juntos e permita-se se conectar com sua criança interior, brincar e se divertir.

Significado na posição invertida

O Seis de Copas invertido pode significar que você está vivendo no passado a ponto de perder contato com o que está acontecendo no presente. Isso não significa que você não possa pensar em seu passado, contanto que não deixe essa nostalgia assumir o controle. Você pode estar romantizando o passado, o que pode fazê-la perder o contato com a realidade, então concentre sua atenção no presente. É hora de deixar para trás o que passou, principalmente questões difíceis da infância, para que você possa seguir em frente com independência.

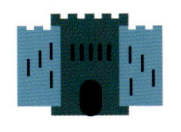

SETE
de Copas

PLANETA REGENTE Vênus **SIGNO DO ZODÍACO** Escorpião **ELEMENTO** Água **SIM OU NÃO** Talvez **PALAVRAS-CHAVE NA POSIÇÃO NORMAL** Oportunidades, escolhas, devaneios, escapismo, expectativas irreais. **PALAVRAS-CHAVE NA POSIÇÃO INVERTIDA** Confusão, dificuldade para tomar decisões, confusão, diversão.

Significado na posição normal

O Sete de Copas representa novas oportunidades, decisões e escolhas. Isso é simbolizado por sete taças sobre nuvens, cheias de diferentes tesouros. As nuvens simbolizam nossos sonhos e podem ser um sinal de que você anda perdida em devaneios e suscetível a ideias irrealistas. Os tesouros em si representam a tentação; antes de tomar uma decisão, certifique-se de estar a par de todas as informações necessárias para fazer uma escolha fundamentada.

Um dos tesouros representa perigo na forma de uma serpente, o que mostra que nem todas as opções são tão boas quanto parecem inicialmente. O conteúdo das taças também pode simbolizar que talvez você esteja usando seus devaneios como uma forma de escapismo, ou que suas ideias podem não estar fundamentadas na realidade. A serpente simboliza a sexualidade e a renovação, e também é um símbolo do signo de Escorpião. No baralho Waite-Smith, há um dragão numa das taças, que representa mudança, enquanto, nas outras taças, o castelo simboliza segurança material, a coroa de louros representa o sucesso e as joias simbolizam sorte. Todas essas escolhas podem desviar sua atenção, especialmente quando as coisas parecem boas demais para serem verdade.

Significado na posição invertida

O Sete de Copas invertido aparece numa leitura quando você está confusa diante das escolhas que tem diante de si. Você pode estar indecisa e não saber qual a melhor atitude a tomar. Analise suas opções e reduza-as o máximo que puder para que se sinta menos desorientada. Não busque a ajuda de outras pessoas para aconselhá-la; em vez disso, volte a atenção para o seu mundo interior, conecte-se com sua intuição e deixe que ela a leve na direção certa.

OITO
de Copas

PLANETA REGENTE Saturno   **SIGNO DO ZODÍACO** Peixes   **ELEMENTO** Água   **SIM OU NÃO** Não   **PALAVRAS-CHAVE NA POSIÇÃO NORMAL** Decepção, abandono, desapego, seguir em frente, deixar algo para trás.   **PALAVRAS-CHAVE NA POSIÇÃO INVERTIDA** Permanece por tempo demais, sente-se à deriva, medo da mudança, medo da perda.

Significado na posição normal

O Oito de Copas representa decepção e o ato de deixar algo para trás. Isso é simbolizado por um homem se afastando de uma pirâmide inacabada de taças, o que pode ser um sinal de que você abandonou seus planos e está decepcionada, porque as coisas não aconteceram como você queria. Seja por escolha própria ou por ser forçada, essa carta é um sinal de que você precisa deixar algo da sua vida para trás e seguir em frente, como, por exemplo, um emprego, um relacionamento ou uma amizade, porque é hora de buscar algo melhor. O planeta regente Saturno, associado à sabedoria, lhe dá a visão, de modo que você saiba a hora de deixar ir.

As montanhas rochosas mostradas na carta sugerem que essa jornada nem sempre será fácil, mas valerá a pena. A mudança pode ser desconfortável, mas você tem determinação para alcançar seus objetivos. O rio que corre ao lado das taças representa suas emoções e a necessidade de deixar as coisas às quais você está apegada, mas que não lhe servem mais.

Significado na posição invertida

O Oito de Copas invertido pode indicar que você está se demorando demais numa situação que não lhe faz bem. Se você tem se perguntado se deve ficar ou se afastar de algo que não serve ao seu bem maior, ouça sua intuição para que ela lhe diga o que você deve fazer. Essa carta aparece quando você reluta em seguir em frente e está empacada porque teme a mudança. Por outro lado, também pode indicar que você não se sente satisfeita ou contente permanecendo num único lugar e, consequentemente, está apenas passando pela vida, indo daqui e dali, sem rumo certo.

E também um convite para buscar a abundância em sua própria vida com a ajuda de Júpiter, o planeta da expansão e da sorte. Nesse momento, você tem o toque de Midas; então, use-o para alcançar seus objetivos e realizar seus desejos.

O Nove de Copas é uma carta muito positiva porque representa plenitude e contentamento em todos os aspectos da vida. Embora nenhum estado na vida seja permanente, as coisas estão indo bem agora. Se você passou por um período difícil há pouco tempo, saiba que tempos melhores virão. Essa carta representa realizações e sucesso, indicando que você pode alcançar o que quiser. Ela também é um convite para você desfrutar dos prazeres que a vida oferece, mas também sentir gratidão pela abundância que tem ao seu redor.

desânimo. Isso pode indicar que voc mentalidade negativa ou uma perspe mista que está atrapalhando o seu ca nando cada vez mais difícil alcançar s vos. Isso pode ter um efeito negati autoconfiança e amor-próprio. Essa ca quando alguém lhe causou decepção tando desejos frustrados e sonhos não

DEZ
de Copas

PLANETA REGENTE Marte **SIGNO DO ZODÍACO** Peixes **ELEMENTO** Água **SIM OU NÃO** Sim **PALAVRAS-CHAVE NA POSIÇÃO NORMAL** Felicidade interior, harmonia, sintonia, realização, amor divino, relacionamentos felizes. **PALAVRAS-CHAVE NA POSIÇÃO INVERTIDA** Desconexão, problemas familiares, relacionamentos difíceis, falta de sintonia.

Significado na posição normal

No baralho Waite-Smith, o Dez de Copas mostra um homem e uma mulher abraçados. Eles simbolizam a felicidade material e são um lembrete para que você tenha gratidão pelas bênçãos que tem em sua própria vida. Crianças brincam felizes ao lado do casal, simbolizando a transmissão dessa abundância para a próxima geração. As crianças também representam felicidade, bem como alegria inocente. A família representa relacionamentos felizes e pode ser um sinal de harmonia nos relacionamentos em sua própria vida, especialmente com a família.

O grande arco-íris que aparece na carta é um antigo símbolo de paz e favores divinos, que também simboliza o sentimento de felicidade que essa carta transmite. Se você tem enfrentado dificuldades ultimamente, veja essa carta como uma promessa de tempos melhores. Graças ao signo regente de Peixes, essa carta também está relacionada à compaixão e ao compartilhamento das bênçãos em sua vida com as pessoas que você ama. É também hora de colher as recompensas de todo o seu trabalho árduo.

Significado na posição invertida

O Dez de Copas invertido pode indicar problemas familiares ou representar uma vida familiar infeliz. Os relacionamentos familiares podem estar tumultuados e pode haver uma falta de harmonia com aqueles que você ama. Isso pode fazer você se sentir desentrosada, chegando até a questionar a força dos seus laços familiares. Lembre-se de que todos os relacionamentos passam por momentos difíceis e isso não significa que esses laços ficarão enfraquecidos para sempre. Essa carta é apenas um lembrete para você ser realista sobre o que espera dos seus entes queridos. Por outro lado, a adversidade pode ter o efeito oposto, reunindo as pessoas na tentativa de resolver um problema em comum.

VALETE
de Copas

PLANETAS REGENTES Júpiter e Vênus   SIGNOS DO ZODÍACO Peixes e Touro
ELEMENTOS Água e Terra   SIM OU NÃO Sim   PALAVRAS-CHAVE NA POSIÇÃO NORMAL Juventude, imaginação, oportunidades criativas, intuição.
PALAVRAS-CHAVE NA POSIÇÃO INVERTIDA Maturidade emocional, insegurança, dúvidas, bloqueios criativos.

Significado na posição normal

O Valete de Copas representa a juventude e a nossa criança interior. Quando essa carta aparece, é um lembrete para você não levar a vida muito a sério. Ela também anuncia mensagens intuitivas e oportunidades criativas. Lembra você de confiar em sua própria intuição e assim aprender algo sobre si mesma. Se você tem tido problemas ultimamente, isso é um sinal de que pode receber *insights* criativos repentinos.

Na carta, um jovem está à beira-mar, segurando uma taça. Um peixe está saltando da taça, indicando que você pode receber notícias inesperadas, mas felizes. Você pode sentir emoções imprevistas vindo à tona no momento. Se essa carta da Corte estiver representando uma pessoa, ela, muitas vezes, simboliza uma criança ou um jovem. Graças ao signo regente de Peixes, do elemento Água, essa pessoa também é sonhadora, idealista e sensível. Também regida pelo signo de Touro, do elemento Terra, essa carta é um convite para você ter mais equilíbrio e estabilidade em sua vida.

Significado na posição invertida

O Valete de Copas invertido indica que você tem negligenciado a sua criança interior. Tem levado as coisas muito a sério e precisa se conectar com o lado mais leve da vida. Essa carta também pode ser um sinal de que você tem ignorado sua própria intuição e os *insights* que sua intuição tem lhe oferecido. Ela pode significar falta de inspiração e bloqueios criativos. Pare de duvidar de si mesma e se sentir insegura; em vez disso, redescubra sua paixão criativa, pois isso a ajudará a remover quaisquer obstáculos que estejam em seu caminho. Essa carta também pode representar imaturidade emocional.

CAVALEIRO
de Copas

PLANETAS REGENTES Vênus e Sol **SIGNOS DO ZODÍACO** Peixes e Leão **ELEMENTOS** Água e Fogo **SIM OU NÃO** Sim **PALAVRAS-CHAVE NA POSIÇÃO NORMAL** Charme, romance, idealismo, sedução, seguir o coração. **PALAVRAS-CHAVE NA POSIÇÃO INVERTIDA** Inconstância, mentalidade pouco realista, temperamental, mal-humorada, ciumenta e imaginação hiperativa.

Significado na posição normal

No baralho Waite-Smith, a carta do Cavaleiro de Copas retrata um cavaleiro vestindo uma armadura e segurando uma taça, enquanto monta um cavalo branco, que simboliza pureza e espiritualidade. Ela representa ação e determinação e, sendo do naipe de Copas, está relacionada às emoções e à intuição. Essa carta indica convites, boas notícias e o conselho para você manter os pés no chão, para poder discernir entre realidade e o que pertence ao reino dos sonhos e da imaginação.

Com Vênus como planeta regente, essa carta está associada ao romance e simboliza charme, confiança e sedução. Quando a coragem e a paixão do signo regente de Leão se unem à emoção e à intuição de Peixes, essa carta se torna positiva numa leitura centrada no amor. Ela é um sinal de que você está prestes a ser arrebatada! Quando se trata de assuntos do coração, tome decisões com base no que sente, não no que a sua mente lhe diz. Esse é um momento para você seguir o seu coração.

Significado na posição invertida

A carta do Cavaleiro de Copas invertida é um sinal para não deixar que suas emoções a dominem. Ela representa ciúmes e mudanças de humor, e pode simbolizar más notícias ou convites cancelados. Essa carta também pode indicar que você tem uma imaginação muito ativa e, como resultado, está sendo irrealista em suas ideias, porque não está com os pés no chão. Para avançar na vida e superar quaisquer obstáculos que estejam em seu caminho, suas ideias e seus sonhos precisam estar fundamentados no mundo real, de modo que possam se realizar. Essa carta também pode indicar uma tendência a ser volúvel ou inconstante.

RAINHA
de Copas

PLANETAS REGENTES Lua e Vênus **SIGNOS DO ZODÍACO** Peixes e Câncer **ELEMENTO** Água **SIM OU NÃO** Sim **PALAVRAS-CHAVE NA POSIÇÃO NORMAL** Compaixão, intuição, calma, estabilidade emocional, capacidades psíquicas, empatia. **PALAVRAS-CHAVE NA POSIÇÃO INVERTIDA** Instabilidade emocional, codependência, insegurança, desconexão espiritual.

Significado na posição normal

A Rainha de Copas mostra uma mulher sentada num trono à beira-mar. Ela segura uma taça tampada, indicando que suas emoções vêm das profundezas da sua mente subconsciente. Essa carta pode ser uma sugestão de que você gosta de guardar seus sentimentos para si mesma. Regida por dois signos de Água (Peixes e Câncer), ela enfoca suas emoções, mas, como a Rainha rege o elemento Água, simboliza estabilidade emocional e indica que você está no controle das suas emoções. Isso ocorre porque essa carta é altamente intuitiva e é um sinal para você confiar nas mensagens que recebe da sua própria intuição, especialmente nos sonhos, e explorar suas capacidades psíquicas.

A Rainha de Copas representa alguém de natureza afetuosa. Por tradição, representa uma mulher madura, mas pode ser qualquer pessoa que seja materna, carinhosa e solidária. Ela é uma boa ouvinte e muitas vezes empática. Essa carta pode ser uma sugestão para você ser mais compassiva com aqueles ao seu redor e consigo mesma. Reserve um tempo para cuidar da sua saúde emocional e do seu bem-estar.

Significado na posição invertida

A Rainha de Copas invertida representa instabilidade emocional e insegurança, e pode sugerir que você não está se sentindo em sintonia com suas próprias emoções. Também pode indicar certo grau de imaturidade emocional. Essa falta de sintonia pode levar à codependência em relacionamentos, pois você sente as emoções dos outros a ponto de prejudicar sua saúde mental. Isso pode fazer você se sentir desconectada de si mesma e de sua espiritualidade. É um momento para analisar seus relacionamentos e ver se não precisa romper vínculos prejudiciais.

REI
de Copas

PLANETAS REGENTES Vênus e Júpiter   **SIGNOS DO ZODÍACO** Peixes e Libra   **ELEMENTOS** Água e Ar   **SIM OU NÃO** Não   **PALAVRAS-CHAVE NA POSIÇÃO NORMAL** Maturidade emocional, equilíbrio emocional, generosidade, equilíbrio entre a mente e o coração.   **PALAVRAS-CHAVE NA POSIÇÃO INVERTIDA** Frieza, manipulação emocional, instabilidade emocional, egoísmo.

Significado na posição normal

O Rei de Copas está diante de um trono de pedra, que representa maturidade emocional e sinaliza que você tem controle das suas emoções. O rei segura uma taça numa mão para representar as emoções e um cetro na outra para representar o poder; juntos, eles simbolizam o equilíbrio emocional. Regida pelos elementos Água (Peixes) e Ar (Libra), essa carta é uma mistura de emoções e lógica e indica que você é capaz de equilibrar razão e coração. Lembre-se de ser racional em suas decisões e não deixe que suas emoções assumam o controle.

Essa carta também está ligada à criatividade, simbolizada por um amuleto de peixe ao redor do pescoço do rei. Esse é um sinal de que você está transbordando de energia criativa e é também um convite para você explorar o seu lado artístico. Se o Rei de Copas representasse uma pessoa, por tradição representaria alguém com idade de cerca de 40 anos ou mais, mas a energia masculina dessa carta se aplica a qualquer pessoa que seja calma, gentil e compassiva, com uma forte intuição.

Significado na posição invertida

A carta do Rei de Copas invertida representa falta de maturidade e equilíbrio emocional. Você está deixando que suas emoções a controlem e, como resultado, elas estão dominando você. Essa carta também pode representar manipulação emocional. Ela pode indicar que você está investindo muita energia nas suas emoções, o que pode levá-la a se sentir deprimida, instável emocionalmente e sobrecarregada pelo excesso de responsabilidades. Ela é um indicativo de que você não está sendo gentil consigo mesma e está levando as coisas muito a sério, por isso precisa encontrar um equilíbrio entre mente e coração.

O NAIPE DE PAUS

ÁS
de Paus

PLANETA REGENTE Marte **SIGNOS DO ZODÍACO** Áries, Leão e Sagitário **ELEMENTO** Fogo **SIM OU NÃO** Sim **PALAVRAS-CHAVE NA POSIÇÃO NORMAL** Inspiração, novas ideias, criatividade, novas oportunidades, crescimento, potencial, entusiasmo. **PALAVRAS-CHAVE NA POSIÇÃO INVERTIDA** Falta de energia, falta de direção, atrasos, distrações, falta de paixão.

Significado na posição normal

O Ás de Paus representa novos começos e potencial, por isso o símbolo do naipe de paus dessa carta é o broto de uma árvore, para representar promessa e oportunidades. Ela também está repleta de energia criativa e pede que você se conecte com suas paixões e deixe que elas a guiem na direção dos seus objetivos. Essa carta é um sinal de que você sente interesse e entusiasmo por um novo projeto, trabalho ou relacionamento, ou talvez esteja tomando um novo rumo na vida.

Essas oportunidades são representadas pelo signo regente de Áries. Essa carta também é regida pelos outros dois signos de Fogo, Leão e Sagitário, que simbolizam criatividade e inspiração. Ela é um lembrete para que você se mantenha motivada enquanto se empenha para alcançar seus objetivos. O Ás de Paus traz energia positiva, no entanto, não garante o sucesso. É um convite para você aproveitar ao máximo o crescimento oferecido; é o trabalho árduo que transformará suas ideias em algo duradouro.

Significado na posição invertida

O Ás de Paus invertido indica falta de paixão, motivação e talento desperdiçado. Essa carta representa contratempos, atrasos e pode mostrar que você está hesitante em começar algo novo, seja um novo projeto, seja uma mudança nos rumos da sua vida. Ela simboliza oportunidades perdidas e é um lembrete para você não interromper o seu crescimento hesitando em fazer algo desconhecido. Você pode estar se sentindo sem inspiração, mas pode ser que esteja se pressionando demais. Dê um tempo a si mesma e reserve um tempo para que a inspiração possa fluir.

DOIS
de Paus

PLANETA REGENTE Marte   **SIGNO DO ZODÍACO** Áries   **ELEMENTO** Fogo   **SIM OU NÃO** Sim   **PALAVRAS-CHAVE NA POSIÇÃO NORMAL** Planejamento futuro, estabilidade, tomada de decisões, progresso, descoberta.   **PALAVRAS-CHAVE NA POSIÇÃO INVERTIDA** Medo da mudança, indecisão, mau planejamento, cautela, inação.

Significado na posição normal

No baralho Waite-Smith, o Dois de Paus mostra um homem na ameia de um castelo. Ele segura um globo, que representa seu grande potencial, e também um cajado, sendo que há outro cajado de pé atrás dele, para simbolizar a tomada de decisão. Essa carta mostra que você pode precisar decidir se deve se aventurar em território desconhecido para aproveitar as oportunidades que se avizinham. O castelo representa sua zona de conforto, mas, como essa carta se trata de descobertas, ela é um lembrete para você tentar algo novo, expandir seus horizontes e desbloquear seu potencial.

O Dois de Paus é sobre explorar as opções disponíveis e planejar seus próximos passos. A energia do planeta regente Marte em Áries chama você para a ação e mostra a importância de ter uma estratégia ao entrar em territórios desconhecidos. Uma vez que você conheça as opções que tem, poderá decidir o que deseja alcançar e como planeja fazer isso, pois estratégias de longo prazo trarão sucesso.

Significado na posição invertida

O Dois de Paus invertido indica que você está num momento de indecisão. Há uma escolha a ser feita, mas o medo da mudança está tornando mais difícil saber qual direção seguir. Você está optando pelo mais seguro, mas a ponto de não tomar nenhuma decisão. É hora de sair da sua zona de conforto. Essa carta também representa mau planejamento, o que está dificultando seu progresso. Concentre-se em seus objetivos de longo prazo e no modo como planeja alcançá-los.

TRÊS
de Paus

PLANETA REGENTE Sol   SIGNO DO ZODÍACO Áries   ELEMENTO Fogo   SIM OU NÃO Sim   PALAVRAS-CHAVE NA POSIÇÃO NORMAL Olhar à frente, progresso, crescimento, previsão, expansão, ímpeto.   PALAVRAS-CHAVE NA POSIÇÃO INVERTIDA Falta de visão, atrasos, obstáculos, bloqueios, frustração, falta de progresso.

Significado na posição normal

O Três de Paus representa o planejamento futuro, simbolizado por um homem em pé num penhasco enquanto observa o terreno mais abaixo. É um momento para olhar adiante e expandir seus horizontes, para que você possa planejar como vai alcançar seus objetivos, prevendo desafios antes que eles surjam e encontrando maneiras de superá-los. No entanto, assim como o homem no penhasco, faça isso de um lugar seguro, pois a ajudará a fazer planos sólidos sobre como avançar.

Ao lado do homem, estão três varas fincadas no chão, que são um símbolo do comprometimento com seus planos. Para progredir, reserve um tempo para planejar seu futuro e permaneça comprometida com suas estratégias. Você precisará de coragem e disciplina, mas está preparada para o que virá. Graças ao Sol, essa carta também está associada à autoconfiança e é um sinal para você acreditar em si mesma e em suas habilidades. É hora de pensar grande e olhar além das suas circunstâncias atuais; não tenha medo de assumir riscos calculados para alcançar seus objetivos.

Significado na posição invertida

O Três de Paus invertido indica falta de planejamento, progresso e crescimento. Sua falta de confiança e crença em si mesma está dificultando a concretização das suas ideias. Essa carta também pode ser um sinal de que você tomou uma decisão com a qual não está satisfeita e está desapontada com a situação atual. Quando essa carta aparece, é sinal de que haverá atrasos; devido à falta de previsão, você também pode se deparar com obstáculos e desafios imprevistos que bloqueiam o caminho rumo à realização dos seus objetivos.

QUATRO
de Paus

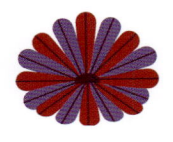

PLANETA REGENTE Vênus   **SIGNO DO ZODÍACO** Áries   **ELEMENTO** Fogo   **SIM OU NÃO** Sim   **PALAVRAS-CHAVE NA POSIÇÃO NORMAL** Celebração, lar, harmonia, alegria, retorno ao lar, comunidade.   **PALAVRAS-CHAVE NA POSIÇÃO INVERTIDA** Falta de apoio, conflito, conflito em casa, famílias infelizes.

Significado na posição normal

No baralho Waite-Smith, essa carta mostra quatro varas adornadas com uma guirlanda de flores, refletindo as energias de Vênus, o planeta do amor e da beleza. Ao fundo, duas pessoas dançam felizes, representando alegria, harmonia e contentamento; essa carta é um convite para você celebrar com aqueles que ama. Ela também simboliza a satisfação e a felicidade que você sente quando vê seu trabalho árduo dar frutos. É um lembrete para você se orgulhar de tudo o que conquistou e do quanto já chegou longe.

O Quatro de Paus está associado ao ambiente doméstico e ao retorno ao lar. Na carta do baralho Waite-Smith, isso é representado pelo castelo, que simboliza estabilidade. Você pode estar retornando ao seu ambiente familiar e às pessoas que ama, após um período fora, ou pode estar voltando para casa num sentido mais metafórico. Esta carta representa um momento de segurança e indica que você se sente relaxada e que está no lugar a que pertence. Nesse contexto, ela também representa a comunidade ou o trabalho em equipe, em que as pessoas se reúnem com um objetivo ou interesses em comum.

Significado na posição invertida

A carta do Quatro de Paus invertida representa celebrações canceladas, desarmonia e infelicidade na família. Pode ser um sinal de conflito, um ambiente doméstico tenso ou até mesmo a decisão de deixar o lar. Você pode ter se sentido indesejada ou acreditar que não está recebendo o apoio de que precisa. Famílias infelizes podem causar sentimentos de insegurança e instabilidade, o que pode indicar que você está passando por um período de mudança em sua vida. Isso pode tirar seu equilíbrio e fazê-la se perguntar em quem pode confiar. Recupere o equilíbrio por meio de práticas regulares de ancoramento e meditação.

CINCO de Paus

PLANETA REGENTE Saturno   **SIGNO DO ZODÍACO** Leão   **ELEMENTO** Fogo   **SIM OU NÃO** Não   **PALAVRAS-CHAVE NA POSIÇÃO NORMAL** Conflito, desacordo, tensão, competição, realidade, discussões, tensão.   **PALAVRAS-CHAVE NA POSIÇÃO INVERTIDA** Evitar conflitos, liberar a tensão, respeitar diferenças, fim do conflito, paz, harmonia.

Significado na posição normal

O Cinco de Paus representa conflito, desacordo e mudança. Devido ao planeta regente dessa carta, Saturno, você está relutante em mudar, a ponto de restringir seus próprios movimentos. Essa carta é um sinal de que você pode estar passando por um período de tensão com algumas pessoas da sua vida. O Cinco de Paus mostra que a incompatibilidade de gênios, o egoísmo e a má comunicação podem contribuir para quaisquer desentendimentos. Isso é simbolizado pela desordem retratada na carta; todas as pessoas estão lutando para serem ouvidas, mas ninguém está ouvindo ninguém. Se quiser facilitar as coisas, use suas habilidades de comunicação para descobrir a causa do problema.

Essa carta representa competição, do tipo que cria obstáculos. As figuras da carta erguem seus bastões, mas eles não estão se tocando, o que simboliza frustração, raiva e ressentimento acumulados, a ponto de essas emoções se transformarem em desentendimentos e lutas. Comunicar como você se sente com aqueles ao seu redor ajudará a liberar essas emoções antes que elas cheguem ao ponto de ebulição.

Significado na posição invertida

O Cinco de Paus invertido representa o fim de conflitos e discussões. Se as coisas têm sido difíceis, essa carta indica que tempos melhores virão, a tensão poderá ser liberada e você poderá sentir paz e passar por um período de cooperação. É um momento para assumir compromissos e trabalhar em grupo para encontrar uma solução. Você pode ter opiniões ou pontos de vista diferentes, contanto que essas diferenças sejam respeitadas. Essa carta também pode indicar que você está evitando conflitos e confrontos, mas isso não fará com que seus problemas desapareçam.

SEIS
de Paus

PLANETA REGENTE Júpiter **SIGNO DO ZODÍACO** Leão **ELEMENTO** Fogo **SIM OU NÃO** Sim **PALAVRAS-CHAVE NA POSIÇÃO NORMAL** Sucesso, reconhecimento público, vitória, progresso, autoconfiança, triunfo. **PALAVRAS-CHAVE NA POSIÇÃO INVERTIDA** Excesso de orgulho, falta de reconhecimento, punição, fracasso, falta de conquista.

Significado na posição normal

O Seis de Paus mostra um homem montado num cavalo, simbolizando vitória e sucesso. Se as coisas têm sido difíceis, tempos melhores estão por vir. Júpiter traz sua energia expansiva para ajudá-la a triunfar sobre a adversidade. Nessa carta do baralho Waite-Smith, um homem está rodeado por uma multidão animada, o que representa reconhecimento público. Se você atualmente se sente pouco apreciada, em breve receberá a honra e o reconhecimento que merece.

Essa carta também indica que você trabalhou duro para superar desafios e está alcançando seus objetivos. O cavaleiro está confiante, o que mostra que ele não tem medo de mostrar aos outros o que conquistou; essa carta é um convite para você fazer o mesmo. Ela sinaliza um impulso bem-vindo à sua autoestima. Conte com a força e a coragem do signo regente, Leão; você merece todo o reconhecimento que está recebendo agora.

Significado na posição invertida

O Seis de Paus invertido representa fracasso ou falta de sucesso e pode indicar sentimentos e emoções negativas em relação a si mesma. Você tem trabalhado duro ultimamente, mas, apesar das suas conquistas, sente que não está recebendo o reconhecimento que merece. Essa carta pede que você consulte a sua consciência para se certificar de que esses sentimentos não são fruto do seu orgulho ou arrogância. Essa carta pode ser um sinal de que sua confiança foi abalada e, como resultado, você está duvidando das suas habilidades a ponto de se autossabotar e não realizar o seu potencial.

SETE
de Paus

PLANETA REGENTE Marte   SIGNO DO ZODÍACO Leão   ELEMENTO Fogo   SIM OU NÃO Talvez   PALAVRAS-CHAVE NA POSIÇÃO NORMAL Desafio, competição, perseverança, proteção, manter o controle, defender-se.   PALAVRAS-CHAVE NA POSIÇÃO INVERTIDA Falta de autoconfiança, exaustão, desistência, esgotamento.

Significado na posição normal

No baralho Waite-Smith, o Sete de Paus mostra um homem em pé num penhasco pedregoso, lutando contra seis varas que o atacam de baixo. Ele está defendendo seu território, o que simboliza a necessidade de se defender e proteger. Todos enfrentamos desafios na vida e essa carta indica que você está enfrentando dificuldades, pois outros estão competindo para ocupar sua posição. Você trabalhou duro para chegar aonde está e não é hora de desistir sem lutar. Pode não ser fácil, mas cabe a você proteger o que conquistou; seja persistente e use sua força de vontade e a determinação do planeta regente, Marte, para defender com sucesso sua posição.

Esteja preparada para defender suas opiniões e crenças, especialmente se tiver um ponto de vista impopular que a faça se destacar. Nessa carta do baralho Waite-Smith, o homem está usando sapatos diferentes. Isso simboliza que você não tem clareza sobre suas próprias opiniões e sobre o que acredita. Também pode sugerir que os desafios surgiram inesperadamente e a pegaram despreparada. Reserve um tempo para refletir sobre exatamente em que você acredita.

Significado na posição invertida

O Sete de Paus invertido representa derrota, renúncia ou recuo. Pode indicar que você está sendo desafiada e está achando difícil se defender e expressar suas próprias opiniões e crenças. A falta de autoconfiança e crença em si pode dificultar a defesa da sua posição ou opinião a ponto de você sentir que não pode se manifestar. Você pode se sentir pressionada de alguma maneira a agir contra suas crenças ou seus valores morais. Essa carta também representa o sentimento de pressão e esgotamento causados pelo desafio que enfrenta.

OITO
de Paus

PLANETA REGENTE Mercúrio **SIGNO DO ZODÍACO** Sagitário **ELEMENTO** Fogo **SIM OU NÃO** Sim **PALAVRAS-CHAVE NA POSIÇÃO NORMAL** Movimento, ritmo acelerado, alinhamento, ação rápida, decisões rápidas, mudanças repentinas. **PALAVRAS-CHAVE NA POSIÇÃO INVERTIDA** Atrasos, frustração, resistência à mudança, espera, desaceleração, perda de impulso.

Significado na posição normal

Essa carta mostra oito varas que parecem estar voando pelo ar num ritmo acelerado, simbolizando movimento, ação rápida e tomada de decisões sem demora. Essa carta dinâmica surge como um sinal de que você está prestes a receber um impulso na direção certa que a ajudará a alcançar seus objetivos. Ela mostra que você precisa parar de resistir ao fluxo de energia e aprender a segui-lo. Isso pode fornecer o impulso extra de que você precisa.

O Oito de Paus é um lembrete de que você precisa de um plano claro para alcançar seus objetivos. Tentar se concentrar em mais de uma coisa ao mesmo tempo dividirá sua atenção; portanto, para aproveitar ao máximo o impulso extra do momento, escolha uma coisa só em que trabalhar e concentre todas as suas energias nela para alcançá-la. Se você está perto de alcançar seus objetivos, isso significa que vai colher as recompensas do seu trabalho árduo. As coisas estão prestes a acelerar, por isso espere um período movimentado à frente.

Significado na posição invertida

O Oito de Paus invertido representa atrasos e falta de ação. Essa carta é um sinal de que você está progredindo lentamente porque não consegue se concentrar em seus objetivos. Ela é um estímulo para você continuar trabalhando duro e não desistir. Você pode estar enfrentando desafios, porque as coisas não estão saindo como você esperava, o que pode trazer frustração e impaciência, e levá-la a agir impulsivamente. Não tome decisões apressadas até que a vida esteja mais previsível, nem tome nenhuma atitude sem pensar muito bem primeiro.

NOVE de Paus

PLANETA REGENTE Lua **SIGNO DO ZODÍACO** Sagitário **ELEMENTO** Fogo
SIM OU NÃO Talvez **PALAVRAS-CHAVE NA POSIÇÃO NORMAL** Resiliência, coragem, persistência, assumir uma posição, estabelecer limites, perseverança. **PALAVRAS-CHAVE NA POSIÇÃO INVERTIDA** Fadiga, ficar na defensiva, luta, sentimento de exaustão, teimosia, desistência.

Significado na posição normal

No baralho Waite-Smith, o Nove de Paus mostra um homem exausto e ferido apoiado numa vara, com outras oito varas atrás dele. Isso pode indicar que você passou por um período difícil e a energia da Lua pode tê-la deixado emotiva e mentalmente abalada. Embora o homem pareça cansado da batalha, ele está determinado e enfrentará quaisquer desafios de frente. Você precisa buscar forças porque ainda vai enfrentar obstáculos pela frente e não pode desistir. É um momento de encontrar a força e a coragem necessárias para continuar.

Se essa carta aparecer numa tiragem, encare-a como um teste à sua resiliência e capacidade de persistir diante da adversidade. Você está muito perto de alcançar seus objetivos, só precisa se esforçar um pouco mais. Ela simboliza assumir uma posição final. A parede formada pelas oito varas atrás do homem também representa limites. Uma vez que você tenha estabelecido limites saudáveis, cabe a você reforçá-los para proteger sua própria energia.

essa carta é um incentivo para continuar; não desista na reta final! Você se sente sobrecarregada por suas responsabilidades a ponto de não enxergar uma saida. Em resultado, você agora está na defensiva para se proteger. Você está fazendo poucos progressos porque se recusa a abrir mão dos seus planos ou ideias. Também indica que você está sendo excessivamente teimosa, o que apenas aumenta a rigidez da sua abordagem.

Significado na posição invertida

O Nove de Paus invertido é um sinal de que você está exausta por enfrentar muitos desafios, mas

DEZ
de Paus

PLANETA REGENTE Saturno   **SIGNO DO ZODÍACO** Sagitário   **ELEMENTO** Fogo   **SIM OU NÃO** Sim   **PALAVRAS-CHAVE NA POSIÇÃO NORMAL** Responsabilidade, fardo, estresse, luta, esgotamento, delegar tarefas.   **PALAVRAS-CHAVE NA POSIÇÃO INVERTIDA** Falta de disposição para delegar, estresse, assumir responsabilidades demais, colapso.

Significado na posição normal

O Dez de Paus representa o ato de assumir responsabilidades demais. Isso é simbolizado pelas dez varas que a pessoa da carta luta para carregar. Essa carta mostra que você tem trabalhado duro e está se sentindo estressada e exausta. Dê um passo atrás e aprenda a delegar para equilibrar o seu ritmo. O aventureiro Sagitário lembra que a vida não se resume a trabalho, então certifique-se de buscar um equilíbrio saudável entre trabalho e vida pessoal.

No baralho Waite-Smith, a casa à distância simboliza que você está perto de alcançar seus objetivos; falta pouco para você se livrar do peso que está carregando. Essa carta indica que você não está dedicando tempo suficiente ao descanso e ao autocuidado. Devido à regência de Saturno, você pode assumir novos compromissos por um senso de obrigação ou dever, mesmo quando sente que isso vai estressá-la.

Significado na posição invertida

O Dez de Paus invertido indica que você está num ponto de saturação. Você assumiu responsabilidades demais, porque tem o hábito de aceitar muito mais tarefas do que é capaz de cumprir. Você não está delegando e está tentando fazer tudo sozinha e, como resultado, está trabalhando demais, mas não está progredindo. Você tem dificuldade em aceitar ajuda, o que significa que carrega todos os fardos sozinha e isso a está levando à beira de um colapso. Essa carta é um lembrete de que você não pode arcar com todas as responsabilidades sozinha. É hora de pedir ajuda e aprender a dizer "não" para aquilo que sabe que não terá condições de fazer.

VALETE
de Paus

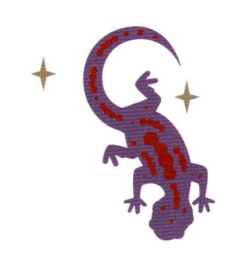

PLANETAS REGENTES Vênus e Sol **SIGNOS DO ZODÍACO** Leão e Touro **ELEMENTOS** Fogo e Terra **SIM OU NÃO** Sim **PALAVRAS-CHAVE NA POSIÇÃO NORMAL** Exploração, inspiração, ideias, espírito livre, entusiasmo, descoberta, extroversão, novas ideias, energia. **PALAVRAS-CHAVE NA POSIÇÃO INVERTIDA** Procrastinação, falta de direção e ideias, crenças limitantes, preguiça, impaciência.

Significado na posição normal

O Valete de Paus mostra um homem segurando uma vara e olhando com curiosidade para as folhas verdes na extremidade superior. Essa imagem simboliza um aumento de novas ideias e da criatividade e, graças às energias do Sol em Leão, também representa inspiração. As salamandras, criaturas míticas, estão associadas ao Fogo e à transformação. As folhas também mostram um potencial ilimitado, com um convite para você aproveitar ao máximo as novas oportunidades disponíveis. Essa carta simboliza novos começos e o início de uma jornada de exploração e descoberta. É um ótimo momento para começar projetos criativos e fazer planos para o futuro.

Os Valetes são mensageiros e essa carta surge como um sinal de que boas notícias estão a caminho. Ela também pode indicar que você age impulsivamente, ou seja, muitas vezes se precipita e começa a fazer algo novo sem reunir primeiro todas as informações necessárias para tomar uma decisão fundamentada. Essa carta também pode representar o início de uma jornada espiritual, em que você usa sua mente curiosa para aprender e explorar novas práticas e crenças.

Significado na posição invertida

O Valete de Paus invertido representa falta de inspiração e ideias. Indica que as coisas novas que você deseja começar não passarão da fase de planejamento. Você perdeu a motivação e está procrastinando porque se deparou com desafios que a deixaram insegura sobre como proceder. Isso pode causar frustração e impaciência, e isso é um sinal de que você está permitindo que crenças limitantes a impeçam de alcançar seu potencial. Seus medos e sua ansiedade a paralisam, impedindo-a de avançar em direção aos seus objetivos. Essa carta também simboliza preguiça e pouca confiabilidade.

CAVALEIRO
de Paus

PLANETAS REGENTES Sol e Marte **SIGNOS DO ZODÍACO** Áries e Leão **ELEMENTO** Fogo **SIM OU NÃO** Sim **PALAVRAS-CHAVE NA POSIÇÃO NORMAL** Paixão, ação inspirada, destemor, coragem, disposição mental, enérgico. **PALAVRAS-CHAVE NA POSIÇÃO INVERTIDA** Energia dispersa, imprudência, arrogância, impaciência, falta de autocontrole, atrasos.

Significado na posição normal

Essa carta mostra um Cavaleiro vestido com armadura e vestes decoradas com salamandras, uma criatura associada ao elemento Fogo. É hora de canalizar a energia e a paixão desse elemento para alcançar seus objetivos. Se um projeto estagnou, agora é o momento de agir para fazê-lo avançar novamente. O Cavaleiro carrega uma vara com brotos, que simboliza paixão, inspiração, crescimento e nova esperança.

O Cavaleiro de Paus é autoconfiante: a expressão em seu rosto é de confiança e determinação. Regida por Marte (em Áries), essa carta é um sinal para mergulhar dentro de si e se conectar com sua energia interior para fortalecer sua força de vontade. O domínio do Sol (em Leão) traz inspiração e também é um convite para liberar sua criatividade e alimentar suas paixões. Tenha coragem, determinação e disposição para avançar rumo ao desconhecido. Essa carta também aconselha você a começar apenas aquilo que sabe que pode terminar.

Significado na posição invertida

O Cavaleiro de Paus invertido representa falta de força de vontade, energia e entusiasmo. É um sinal de que sua energia carece de foco e direção, e, como resultado, você não está avançando ou fazendo progressos em seus planos. Essa carta é um sinal de que você deve reavaliar o que deseja alcançar para que possa direcionar sua energia para um objetivo de cada vez.

RAINHA
de Paus

PLANETAS REGENTES Lua e Júpiter **SIGNOS DO ZODÍACO** Sagitário e Câncer **ELEMENTOS** Fogo e Água **SIM OU NÃO** Sim **PALAVRAS-CHAVE NA POSIÇÃO NORMAL** Coragem, confiança, determinação, paixão, otimismo, sociabilidade. **PALAVRAS-CHAVE NA POSIÇÃO INVERTIDA** Introversão, insegurança, falta de autoconfiança, ciúme, temperamento exigente, gênio temperamental.

Significado na posição normal

A Rainha de Paus senta-se num trono decorado com leões, símbolo de força e do elemento Fogo. Ela representa coragem e é um sinal de que você pode usar suas próprias reservas de coragem e seu espírito independente para ajudá-la a avançar. Essa carta representa liderança inspirada, graças a Júpiter, que é simbolizado pelo bastão que a rainha tem na mão. Os brotos verdes que saem da extremidade superior do bastão significam crescimento e fertilidade. Na outra mão, a Rainha segura um girassol, símbolo de felicidade, criatividade e alegria. Um gato preto fica aos seus pés, sinal de que a Rainha também está em contato com a sua sombra.

Essa carta é um convite para que você aproveite a sua determinação e paixão para alcançar seus desejos. Ter metas claras a ajudará a fazer progressos substanciais. A Rainha de Paus também representa otimismo e confiança, e é um lembrete para você manter uma atitude positiva diante da adversidade. Não tenha medo de agir com ousadia. Uma mentalidade confiante a levará longe. Essa carta também aparece quando você está se sentindo mais sociável e indica que vale a pena passar mais tempo com outras pessoas agora.

Significado na posição invertida

A Rainha de Paus invertida é um sinal de que você está se sentindo sobrecarregada e pessimista, o que a torna mais introvertida e menos disposta a socializar. Você assumiu mais tarefas do que consegue dar conta e está exausta. Dê a si mesma um tempo para apenas "ser", afastando-se do mundo por um tempo. Essa carta representa falta de autoconfiança e mostra que você está se sentindo insegura, o que a torna exigente e temperamental. Pode indicar que o ciúme está despontando e você está deixando esse sentimento comandar suas ações.

REI
de Paus

PLANETAS REGENTES Sol e Saturno **SIGNOS DO ZODÍACO** Áries e Aquário **ELEMENTOS** Fogo e Ar **SIM OU NÃO** Sim **PALAVRAS-CHAVE NA POSIÇÃO NORMAL** Liderança nata, superação de desafios, visão, otimismo, decisão de assumir o controle. **PALAVRAS-CHAVE NA POSIÇÃO INVERTIDA** Personalidade autoritária, liderança fraca, sentimento de impotência, ineficácia, personalidade dominadora.

Significado na posição normal

O Rei de Paus senta-se de modo autoritário num trono, um líder nato, segurando um bastão com brotos, que simbolizam criatividade e inspiração. Os leões da carta simbolizam força e o elemento Fogo, assim como entusiasmo e otimismo. As salamandras no trono representam a determinação necessária para superar obstáculos, indicando que você está se sentindo motivada e pode motivar aqueles ao seu redor. Graças ao domínio do Sol e de Saturno, você tem uma mente inovadora, o que a torna uma boa líder. Você também está criando uma base sólida sobre a qual pode construir um sucesso duradouro.

Você tem uma visão clara do que deseja alcançar no futuro e sabe exatamente como planeja tornar essas coisas realidade. Isso é um sinal de que você tem uma visão panorâmica da sua situação atual, o que permite que identifique quaisquer possíveis desafios e tome medidas para superá-los. Essa carta é um lembrete do quanto você é capaz e de que deve confiar em si mesma e em suas habilidades.

Significado na posição invertida

O Rei de Paus invertido representa falta de entusiasmo e uma liderança fraca. Você não está progredindo em direção aos seus objetivos porque não está sendo proativa. Essa carta aparece quando você ou uma pessoa que faz parte da sua vida está sendo dominadora, autoritária e impositiva. É um sinal de que você está se sentindo impotente e sem controle sobre sua vida e a direção que está seguindo. Essa carta também simboliza que você está sendo implacável, arrogante e até agressiva na busca dos seus objetivos. Ela é um lembrete para você não alcançar suas metas às custas dos outros.

O NAIPE DE OUROS

ÁS de Ouros

PLANETA REGENTE Saturno   **SIGNOS DO ZODÍACO** Touro, Virgem e Capricórnio   **ELEMENTO** Terra   **SIM OU NÃO** Sim   **PALAVRAS-CHAVE NA POSIÇÃO NORMAL** Abundância, prosperidade, manifestação, oportunidade financeira.   **PALAVRAS-CHAVE NA POSIÇÃO INVERTIDA** Oportunidade perdida, falta de planejamento, falta de visão de futuro, investimento ruim, chance perdida.

Significado na posição normal

O Ás de Ouros representa novos começos em termos de riqueza, saúde e carreira. Essa carta mostra uma mão emergindo de uma nuvem, segurando uma moeda dourada que representa fortuna e oportunidade financeira. Ela é um lembrete para você aproveitar ao máximo as oportunidades que surgem em seu caminho. Isso é simbolizado pelas belas flores de lírio e folhagens que cercam a moeda, com um gramado verdejante abaixo, sinal de abundância ao seu redor.

Essa é uma carta positiva e otimista, um sinal verde para seguir em frente com seus planos. Graças à influência dos signos de Terra (Touro, Virgem e Capricórnio), ela indica que você se sente ancorada e estável. Essa carta também está relacionada ao seu potencial e motivação, indicando que você pode manifestar seus objetivos e transformar seus sonhos em realidade. No entanto, é importante lembrar que ela não garante sucesso; isso só virá por meio do trabalho árduo.

Significado na posição invertida

O Ás de Ouros invertido representa falta de planejamento ou visão financeira. Pode ser um sinal de que você está assumindo muitos riscos financeiros ou gastando demais. Também pode indicar investimentos ruins; portanto, é um lembrete para não tomar decisões precipitadas em relação ao dinheiro até se inteirar de todos os fatos. Pode ser um sinal para procurar conselhos financeiros profissionais. Por outro lado, essa carta pode representar escassez, instabilidade e insegurança. Também é um sinal de que você não está concentrando toda a sua energia em alcançar seus objetivos e está perdendo chances de manifestá-los.

DOIS
de Ouros

PLANETA REGENTE Júpiter **SIGNO DO ZODÍACO** Capricórnio **ELEMENTO** Terra **SIM OU NÃO** Sim **PALAVRAS-CHAVE NA POSIÇÃO NORMAL** Múltiplas prioridades, equilíbrio de decisões, adaptabilidade, gestão do tempo. **PALAVRAS-CHAVE NA POSIÇÃO INVERTIDA** Falta de equilíbrio, desorganização, revisão de prioridades, sobrecarga, estresse.

Significado na posição normal

No baralho Waite-Smith, essa carta mostra um jovem malabarista com duas moedas. Ela representa equilíbrio e é um sinal de que você está sobrecarregada pelo excesso de responsabilidades. Pode indicar que você precisa revisar suas responsabilidades e priorizá-las para poder focar sua atenção no que é importante. Reservar um tempo para o descanso pode ser benéfico, especialmente se você está sentindo que o dia não tem horas suficientes para você fazer tudo que precisa.

Essa carta serve como um lembrete de que você sabe conciliar várias coisas ao mesmo tempo e pode lidar com tudo que precisa fazer, o que é simbolizado pelo símbolo do infinito ao redor das duas moedas. Você é capaz de equilibrar seu tempo e recursos para encontrar uma solução viável. A regência de Júpiter traz sorte e é outro sinal de que você é organizada e sabe priorizar suas responsabilidades. O corpo d'água que atravessa a carta simboliza os altos e baixos que encontramos na vida cotidiana, mas, como os barcos navegando, você consegue enfrentar as ondas se mantiver sua energia focada no que é importante.

Significado na posição invertida

O Dois de Ouros invertido indica que você está se sentindo sobrecarregada com o excesso de responsabilidades, o que a tira de seu equilíbrio. Você se sente estressada porque assumiu compromissos demais e agora está achando impossível concretizar tudo o que planejou. Convém reorganizar e repriorizar seus compromissos, assim como reavaliar suas responsabilidades e seus objetivos para ver em que você deseja investir seu tempo e energia. Essa carta muitas vezes aparece quando você está gastando demais.

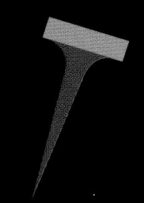

TRÊS
de Ouros

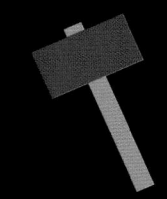

PLANETA REGENTE Marte **SIGNO DO ZODÍACO** Capricórnio **ELEMENTO** Terra **SIM OU NÃO** Sim **PALAVRAS-CHAVE NA POSIÇÃO NORMAL** Trabalho em equipe, domínio, colaboração, implementação, aprendizado. **PALAVRAS-CHAVE NA POSIÇÃO INVERTIDA** Trabalho solitário, desarmonia, falta de trabalho em equipe, desorganização.

Significado na posição normal

O Três de Ouros é a carta do trabalho em equipe. No baralho Waite-Smith, essa carta mostra um pedreiro construindo uma parte de uma catedral, sendo observado por dois arquitetos. Quando essa carta aparece numa leitura, é sinal de que convém você colaborar com outras pessoas num projeto ou trabalho. Isso pode oferecer novas perspectivas que você talvez não tenha considerado. Esse é um lembrete de que trabalhar em grupo pode ajudá-la a alcançar coisas maiores do que conseguiria num trabalho solitário.

Essa carta também representa aprendizado e estudo. É uma sugestão de que você pode aprender com a sabedoria daqueles com quem trabalha, pois cada um tem suas próprias habilidades com que contribuir. A regência de Marte (em Capricórnio) traz energia e determinação para qualquer projeto em andamento. Essa carta também pode indicar que você está nos estágios iniciais da implementação dos seus planos para alcançar seus objetivos. Veja essa carta como um estímulo, pois ela sinaliza que, embora seu projeto possa estar longe de ser concluído, você estabeleceu bases sólidas para o sucesso.

Significado na posição invertida

O Três de Ouros invertido representa falta de trabalho em equipe e colaboração. É um sinal de que você prefere trabalhar sozinha para concluir um trabalho ou projeto. Essa carta também pode sugerir que há pouca harmonia no grupo com o qual trabalha, por isso qualquer progresso que você faça será limitado. Essa carta indica que você está se sentindo desmotivada, o que também está prejudicando seu progresso, já que não está investindo a quantidade de energia necessária para alcançar seus objetivos ou concluir um projeto. Para alcançar o sucesso, é preciso se organizar.

QUATRO
de Ouros

PLANETA REGENTE Sol   SIGNO DO ZODÍACO Capricórnio   ELEMENTO Terra
SIM OU NÃO Não   PALAVRAS-CHAVE NA POSIÇÃO NORMAL Economizar dinheiro, frugalidade, segurança, conservadorismo, controle.   PALAVRAS-CHAVE NA POSIÇÃO INVERTIDA Gastos excessivos, insegurança financeira, possessividade, generosidade.

Significado na posição normal

O Quatro de Ouros representa sua relação com o mundo material e muitas vezes significa que você está ficando muito apegada a coisas como posses e dinheiro. Isso é simbolizado pela forma possessiva como o homem na carta segura a moeda de ouro em seu colo. Sob seus pés estão mais duas moedas e ele equilibra uma quarta moeda na cabeça, o que representa a necessidade de controlar a própria vida, especialmente no aspecto financeiro, o que lhe dá uma visão focada nas finanças.

A regência do Sol em Capricórnio significa que você é sempre muito focada quando se trata de guardar dinheiro. Poupar é bom, mas essa carta sugere que você está sendo tão econômica que está deixando de viver experiências interessantes. Ela é um convite para você encontrar um equilíbrio entre poupar e gastar. A maneira como o homem está sentado reflete seu desejo de segurança financeira, bem como seu medo de perder o que tem. É um sinal de que sua busca por segurança financeira está sendo impulsionada pelo medo da perda.

Significado na posição invertida

O Quatro de Ouros invertido é um sinal para você reavaliar sua relação com o dinheiro. Você sente insegurança financeira e, como resultado, está gastando demais. É um sinal de que está gastando mais do que está economizando e um lembrete de que coisas materiais não trazem necessariamente felicidade. Essa carta pode indicar que você está pronta para se livrar das coisas que não servem mais ao seu propósito maior. Essa carta também revela sua natureza generosa. Apenas tenha cuidado para que os outros não se aproveitem do seu coração generoso.

CINCO
de Ouros

PLANETA REGENTE Mercúrio **SIGNO DO ZODÍACO** Touro **ELEMENTO** Terra **SIM OU NÃO** Não **PALAVRAS-CHAVE NA POSIÇÃO NORMAL** Insegurança, perda financeira, pobreza, isolamento. **PALAVRAS-CHAVE NA POSIÇÃO INVERTIDA** Melhoria, recuperação da situação financeira, caridade, pobreza espiritual.

Significado na posição normal

O Cinco de Ouros representa pobreza, luta e dificuldade. No baralho Waite-Smith, isso é simbolizado pela maneira como as duas figuras da carta estão vestidas. Ambas usam roupas sujas e rasgadas e obviamente estão na miséria, pois caminham descalças pela neve. Isso indica que você tem achado a vida difícil ultimamente, em especial no sentido financeiro, e provavelmente sofreu perdas materiais ou monetárias que o deixaram sobrecarregada com os problemas que enfrenta.

O Cinco de Ouros é um sinal de que você está se sentindo isolada, solitária ou abandonada em seu sofrimento. As figuras da carta estão passando pelo vitral de uma igreja. Ele é iluminado por dentro, o que simboliza esperança, mas elas estão tão envolvidas em seus próprios problemas que não pensam em entrar para pedir ajuda. Touro, o signo regente dessa carta, indica que você está buscando proteção e segurança para não sofrer mais, mas não consegue ver o auxílio que está ao seu alcance. Abra os olhos e não tenha medo de pedir ajuda.

Significado na posição invertida

O Cinco de Ouros invertido é um sinal de que, embora a vida tenha sido difícil, sua situação está prestes a melhorar. Quaisquer dificuldades que você esteja enfrentando estão perto de terminar e você começa a recuperar sua confiança de quaisquer perdas materiais que tenha sofrido. Essa carta é um sinal de que você está começando a pensar de maneira mais positiva, embora também possa descobrir que está sentindo insatisfação, do ponto de vista espiritual, pois negligenciou essa área em favor das coisas materiais.

SEIS
de Ouros

PLANETA REGENTE Lua   **SIGNO DO ZODÍACO** Touro   **ELEMENTO** Terra
SIM OU NÃO Sim   **PALAVRAS-CHAVE NA POSIÇÃO NORMAL** Generosidade, caridade, partilha de riquezas.   **PALAVRAS-CHAVE NA POSIÇÃO INVERTIDA** Dívidas não pagas, mesquinhez, poder e dominação, caridade unilateral.

Significado na posição normal

No baralho Waite-Smith, o Seis de Ouros mostra um homem rico dando moedas de ouro a dois mendigos ajoelhados. Isso simboliza generosidade e partilha de recursos. Também indica que você dá mais do que apenas dinheiro, dedica também seu tempo e sua energia para ajudar os outros. Essa carta é um sinal de que você tem um relacionamento equilibrado com o dinheiro, sabendo como sustentar financeiramente aqueles que passam necessidade, sem gastar mais do que pode. Também indica que você tem uma natureza bondosa e generosa da qual as outras pessoas podem se aproveitar, por isso é importante que estabeleça limites saudáveis.

Se você passou por um momento difícil, essa carta é um sinal de que há pessoas que querem ajudá-la; tudo o que você precisa fazer é pedir essa ajuda. Abra-se para receber o apoio de que você necessita com gratidão e para sentir o tão necessário alívio que isso traz. Essa carta também aparece quando alguém em sua vida está sendo generoso com você. Essa pessoa pode estar compartilhando sua sabedoria e tempo com você ou lhe dando presentes ou dinheiro.

Significado na posição invertida

O Seis de Ouros invertido simboliza a falta de generosidade e de vontade de compartilhar. Ele também pode simbolizar a caridade unilateral: uma pessoa apenas dá e quem recebe não retribui. Ela pode sinalizar também dívidas não pagas, mas, se você já está livre das dívidas, pode vir como um alerta para não acumular dívidas agora, pois isso pode lhe causar problemas no futuro. O Seis de Ouros invertido pode ser um sinal de que você poderá dar ou receber presentes, mas com certas condições, o que indica que há segundas intenções por trás desse presente e não generosidade.

SETE
de Ouros

PLANETA REGENTE Saturno **SIGNO DO ZODÍACO** Touro **ELEMENTO** Terra **SIM OU NÃO** Talvez **PALAVRAS-CHAVE NA POSIÇÃO NORMAL** Perseverança, investimento, trabalho duro, zelo, visão de longo prazo. **PALAVRAS-CHAVE NA POSIÇÃO INVERTIDA** Trabalho sem resultados, falta de visão de longo prazo, distrações, sucesso limitado.

Significado na posição normal

O Sete de Ouros representa esforço e resultado. No baralho Waite-Smith, essa carta mostra um homem apoiado numa enxada, admirando seu trabalho árduo. A regência de Saturno em Touro é um lembrete de que o trabalho árduo lhe trará sucesso e, quando essa carta aparecer, é sinal de que seus próprios esforços serão recompensados. É um momento de perseverança e manifestação de metas, o que faz dele um bom momento para ter uma visão de longo prazo do que você planeja alcançar e como planeja alcançar isso. Você precisa ver a imagem maior em vez de ficar presa a detalhes insignificantes.

O homem da carta tem uma expressão de cansaço no rosto. Ele está esgotado com todo o trabalho árduo que fez para cultivar as plantações. Embora o sucesso venha do trabalho duro e do esforço, essa carta é um lembrete para você cuidar melhor de si mesma e garantir que não ficará exausta demais para alcançar resultados.

Significado na posição invertida

O Sete de Ouros invertido indica que você está trabalhando com afinco, mas seus esforços não parecem estar dando resultado. É um sinal para reavaliar onde você investe seu tempo, de modo que possa se concentrar nas coisas que lhe trarão recompensas. Você não tem uma visão de longo prazo para o que deseja alcançar, o que resulta em sucesso limitado. Essa carta também pode indicar que você está ficando impaciente porque não está vendo resultados instantâneos e desiste dos seus objetivos e sonhos muito rapidamente. É um lembrete para continuar se empenhando para conquistar as coisas que deseja, porque seus esforços serão recompensados.

OITO
de Ouros

PLANETA REGENTE Sol **SIGNO DO ZODÍACO** Virgem **ELEMENTO** Terra **SIM OU NÃO** Sim **PALAVRAS-CHAVE NA POSIÇÃO NORMAL** Maestria, perícia profissional, desenvolvimento de habilidades, diligência, altos padrões, paixão. **PALAVRAS-CHAVE NA POSIÇÃO INVERTIDA** Falta de inspiração, perfeccionismo, atividade mal direcionada, falta de motivação.

Significado na posição normal

O Oito de Ouros mostra uma pessoa gravando um pentagrama na última das oito moedas, numa representação de habilidade e maestria. Ela está quase terminando, o que simboliza que você quase completou algo em que tem trabalhado. É um sinal para manter o foco e continuar se empenhando. A regência do Sol em Virgem mostra que o foco vital, o trabalho árduo e a paixão servem para você alcançar seus objetivos. Você deve estar pronta para se aplicar e prestar atenção aos detalhes mais sutis para garantir o sucesso.

Essa carta sinaliza que é hora de aprender um novo conjunto de habilidades, por meio de cursos, estudo autodidata ou praticando, até dominá-lo. Isso não vai acontecer da noite para o dia, mas com empenho você pode desenvolver novas habilidades e melhorar as que já tem, de modo a se aproximar dos seus objetivos. Às vezes, você tem a impressão de que não está fazendo nenhum progresso, mas persevere e continue se empenhando. Essa carta também representa padrões elevados e é um lembrete para se esforçar e fazer o melhor em tudo o que você faz.

Significado na posição invertida

O Oito de Ouros invertido representa falta de motivação, preguiça e desleixo. Não se sinta tentada a apressar uma tarefa quando estiver frustrada. Em vez disso, observe seus objetivos e a melhor maneira de alcançá-los, certificando-se de que você está focada nas coisas e pronta para avançar novamente. Essa carta é um sinal de que você está se concentrando apenas em algumas coisas em sua vida e, consequentemente, negligenciando outras. Isso também indica que você está sendo perfeccionista e se preocupando com os menores detalhes a ponto de perder o quadro maior.

NOVE
de Ouros

PLANETA REGENTE Vênus   **SIGNO DO ZODÍACO** Virgem   **ELEMENTO** Terra
SIM OU NÃO Sim   **PALAVRAS-CHAVE NA POSIÇÃO NORMAL** Abundância, luxo, frutos do trabalho, recompensas pelo trabalho árduo, independência financeira.
PALAVRAS-CHAVE NA POSIÇÃO INVERTIDA Obsessão com o trabalho, vivendo além das suas possibilidades, agitação, revés.

Significado na posição normal

No baralho Waite-Smith, o Nove de Ouros retrata uma mulher vestida com roupas luxuosas, num jardim repleta de videiras e moedas de ouro. Essa imagem simboliza abundância e prosperidade em todas as áreas da vida, incluindo os relacionamentos, graças à regência de Vênus em Virgem. Você chegou ao ponto em que seu trabalho árduo está valendo a pena e ajudando você a criar estabilidade financeira e independência. Você percorreu um longo caminho, então aproveite os frutos do seu trabalho e se cumprimente por um trabalho bem feito.

Se ultimamente você tem passado dificuldade com relação ao dinheiro ou seus relacionamentos, essa carta promete que tempos melhores estão por vir. Na carta do baralho Waite-Smith, há uma grande casa a distância que pertence à mulher e é mais um simbolismo da prosperidade que essa carta representa. Ela é um lembrete de que a abundância não diz respeito apenas a quantidade de dinheiro que você possui, mas também às suas perspectivas. Tente apreciar as coisas boas que você tem na vida para poder cultivar um estado de espírito mais abundante.

Significado na posição normal

O Nove de Ouros invertido representa falta de independência e estabilidade financeira. Pode ser um sinal de que você está tentando viver além das suas possibilidades, gastando de maneira imprudente para ter a impressão de que tem estabilidade financeira, mesmo que seja apenas de modo superficial. Essa carta é um lembrete de que a riqueza e os bens materiais não lhe trarão a verdadeira felicidade. Ela aparece quando você está trabalhando muito numa área da vida e está negligenciando outras. Também pode ser um sinal de que você está obcecada com o seu trabalho e não está se dando tempo para aproveitar tudo o que conquistou.

DEZ
de Ouros

PLANETA REGENTE Mercúrio **SIGNO DO ZODÍACO** Virgem **ELEMENTO** Terra **SIM OU NÃO** Sim **PALAVRAS-CHAVE NA POSIÇÃO NORMAL** Riqueza, segurança financeira, legado, herança, sucesso a longo prazo, família. **PALAVRAS-CHAVE NA POSIÇÃO INVERTIDA** Perda ou fracasso financeiro, falta de estabilidade, falta de recursos.

Significado na posição normal

O Dez de Ouros do baralho Waite-Smith mostra a figura de um avô sentado com seus dois leais cães brancos aos seus pés, observando sua família numa sala ricamente decorada, que simboliza estabilidade financeira. Ao longo da sua vida, ele acumulou uma grande riqueza que agora pode compartilhar com seus entes queridos. O planeta regente Mercúrio (em Virgem) mostra que o homem usou seu intelecto e sua mente metódica e organizada para construir sua riqueza, e essa carta é um convite para você fazer o mesmo. Isso lhe trará o tipo de abundância e prosperidade que você pode transmitir a outras gerações.

Quando essa carta aparece, ela representa estabilidade financeira de longo prazo, herdada de alguém da família. Ela pode simbolizar heranças e legados. É tempo de pensar em seu futuro financeiro, para que você possa criar futuro duradouro de sucesso. Essa carta é um sinal de que você está desfrutando de felicidade e segurança em todas as outras áreas da vida e representa a harmonia e a volta às raízes, o que pode fazer você se sentir particularmente próxima de certos membros da família agora.

Significado na posição invertida

O Dez de Ouros invertido representa insegurança financeira, instabilidade e perdas. É um sinal de que você está se concentrando demais no sucesso de curto prazo em vez de construir um futuro de longo prazo seguro do ponto de vista financeiro. Quando essa carta aparece, ela pode simbolizar agitação na família e conflito por causa de dinheiro e heranças. Você pode se sentir mais distante dos seus familiares ou ser obrigada a participar de um evento familiar ao qual não quer ir. Ela também pode ser um sinal de que você está negligenciando sua família, então aproveite essa oportunidade para se reconectar.

VALETE
de Ouros

PLANETAS REGENTES Mercúrio e Vênus **SIGNOS DO ZODÍACO** Virgem e Touro **ELEMENTOS** Terra e Terra **SIM OU NÃO** Sim **PALAVRAS-CHAVE NA POSIÇÃO NORMAL** Ambição, desejos, oportunidade financeira, desenvolvimento de habilidades, manifestação. **PALAVRAS-CHAVE NA POSIÇÃO INVERTIDA** Ganância, falta de compromisso, falta de progresso, aprender com o fracasso.

Significado na posição normal

O Valete do Ouros no baralho Waite-Smith mostra um jovem de pé numa campina, segurando uma moeda. Ele simboliza novos começos em relação às finanças. Ao longe, os campos arados são um símbolo de abundância e fartura. O Valete está num solo sólido, o que indica que ele está ancorado na natureza. Essa carta é um convite para você canalizar a dupla energia terrestre de Vênus em Touro e Mercúrio em Virgem, praticando técnicas de aterramento e meditação, sobretudo se tem se sentido em desequilíbrio ultimamente.

Essa carta traz novas oportunidades relacionadas ao seu mundo material. Isso pode incluir um novo emprego ou projeto, o início de um curso ou a possibilidade de ganhar dinheiro. Se essas oportunidades surgirem, essa carta está aqui para lembrá-la de aproveitá-las para que possa construir um sucesso futuro e de longo prazo. Ao longo do caminho, você ganhará novas habilidades, bem como desenvolverá as habilidades que já tem. Essa carta indica que você tem ambição, determinação e motivação para atingir seus objetivos, então seja paciente.

Significado na posição invertida

O Valete de Ouros invertido representa falta de progresso e foco. Você não está avançando devido às suas próprias más decisões e falta de ação. Sem uma estratégia clara sobre como planeja atingir seus objetivos, você não conseguirá nada sólido. Essa carta indica que a procrastinação, a preguiça e a falta de comprometimento podem ser fatores que impedem seu progresso. Essa carta é um convite para você aprender com seus erros do passado, de modo que eles possam impulsioná-la para a frente, em vez de derrubá-la.

CAVALEIRO
de Ouros

PLANETAS REGENTES Sol e Saturno **SIGNOS DO ZODÍACO** Capricórnio e Leão **ELEMENTOS** Terra e Fogo **SIM OU NÃO** Sim **PALAVRAS-CHAVE NA POSIÇÃO NORMAL** Trabalho árduo, produtividade, responsabilidade, rotina, eficiência, tarefas repetitivas. **PALAVRAS-CHAVE NA POSIÇÃO INVERTIDA** Obsessão, sensação de estagnação, trabalho sem recompensa, autodisciplina.

Significado na posição normal

O Cavaleiro de Ouros representa trabalho árduo, responsabilidade e produtividade. Essa carta mostra um cavaleiro vestindo uma armadura, montando num cavalo preto e segurando uma moeda de ouro. Essa carta é um lembrete de que, por meio da determinação e da perseverança, você pode alcançar seus objetivos. Você pode até achar que seguir um cronograma é uma boa maneira de alcançar seus sonhos.

Numa leitura, essa carta é um sinal de que você deve optar por uma abordagem mais conservadora. Também pode significar aspectos mais mundanos da vida, como completar tarefas ou obrigações repetitivas. Ela é um lembrete para você não apressar as coisas, pois essa carta representa a importância de se ter e demonstrar paciência ao tomar decisões. Você precisa estar disposta a fazer o trabalho mais difícil para alcançar seus objetivos, mesmo que o *ache entediante*.

Significado na posição invertida

O Cavaleiro de Ouros invertido representa falta de responsabilidade, bom senso e autodisciplina para manifestar seus sonhos. Essa carta pode sugerir que você deseja sair em busca das suas metas, mas não está preparada para fazer o trabalho necessário para alcançá-las. Como essa carta é sobre os aspectos mundanos e muitas vezes aborrecidos da vida, a invertida pode significar que você está se sentindo presa a uma rotina monótona. Pode também ser um sinal de que você está concentrada demais no seu trabalho, até mesmo obcecada por ele, e negligenciando outras áreas da sua vida. Está na hora de você tentar alcançar (e manter) um equilíbrio saudável entre seu trabalho e sua vida pessoal.

RAINHA
de Ouros

PLANETAS REGENTES Vênus e Júpiter **SIGNOS DO ZODÍACO** Touro e Peixes **ELEMENTOS** Terra e Água **SIM OU NÃO** Sim **PALAVRAS-CHAVE NA POSIÇÃO NORMAL** Praticidade, educação, segurança, provisão financeira, conforto, pais que trabalham. **PALAVRAS-CHAVE NA POSIÇÃO INVERTIDA** Sufocamento, falta de propósito, ciúme, egoísmo.

Significado na posição normal

A Rainha de Ouros representa segurança material, simbolizada pela rainha sentada num trono esculpido com símbolos de prosperidade e abundância, como flores e árvores frutíferas. Essa conexão com a riqueza material e o sucesso é ainda demonstrada pelo grande cuidado com que a rainha segura a moeda de ouro. Essa carta representa a independência financeira e também pode representar um provedor financeiro. Se essa carta aparecer, é sinal de que você deve resguardar das outras pessoas detalhes da sua vida financeira.

A Rainha de Ouros indica praticidade e é um sinal de que você deve enfrentar os problemas com uma mente lúcida, usando o bom senso para atingir seus objetivos com sucesso. Pode representar alguém que cuida e ampara como a mãe arquetípica. Graças ao planeta regente Vênus (em Touro), essa carta indica que você gosta de conforto e tem um caráter realista, embora goste de aproveitar as coisas boas da vida e possa ter uma condição social elevada.

Significado na posição invertida

A Rainha de Ouros invertida representa alguém fora de controle. Também simboliza a falta de propósito e pode ser um sinal de que, ultimamente, você tem lutado para encontrar seu próprio senso de propósito e direção na vida. O jeito desorganizado e, às vezes, preguiçoso com que você encara a vida significa que está achando difícil atingir seus objetivos. Essa carta pode representar alguém que se tornou muito materialista, egocêntrico e pouco prático e, como resultado, leva uma vida caótica. Essa carta também pode ser um sinal de manipulação, ciúme e egoísmo.

REI
de Ouros

PLANETAS REGENTES Vênus e Saturno **SIGNOS DO ZODÍACO** Touro e Aquário
ELEMENTOS Terra e Ar **SIM OU NÃO** Sim **PALAVRAS-CHAVE NA POSIÇÃO NORMAL** Abundância, prosperidade, provedor, liderança, riqueza, disciplina, segurança.
PALAVRAS-CHAVE NA POSIÇÃO INVERTIDA Ganância, excesso, *status* e obsessão por riqueza, ineficácia financeira, indulgência.

Significado na posição normal

O Rei de Ouros representa trabalho árduo, riqueza material e sucesso. No baralho Waite-Smith, o rei se senta num grande trono decorado com ouros para representar o signo de Touro, um dos regentes dessa carta. O trono é coberto de videiras para simbolizar a abundância, a prosperidade e a riqueza e é um sinal de que você deve ter autodisciplina na maneira como gerencia seu dinheiro para alcançar o sucesso a longo prazo. Na carta, os pés do rei estão firmes no chão, o que é um lembrete de que você deve manter os pés no chão ao lidar com o seu dinheiro.

O Rei de Ouros é trabalhador, protetor e um bom provedor. Embora essa carta represente a figura paterna arquetípica, ela também pode representar alguém de qualquer gênero que seja confiável e dedicado a alcançar seus objetivos. O castelo que fica atrás do rei no baralho Waite-Smith é um símbolo do que essa dedicação e esse comprometimento podem trazer em termos de segurança material se você continuar trabalhando com afinco.

Significado na posição invertida

O Rei de Ouros invertido representa a perda do controle. Essa carta sugere que você pode estar assumindo riscos financeiros, tomando decisões ruins e administrando mal o seu dinheiro. Essa carta pede que você examine a sua relação com as finanças, porque ela também significa ganância e excesso. Você pode estar tão obcecada por dinheiro e até por *status* social que está colocando isso acima das pessoas importantes da sua vida. Quando essa carta aparece, ela também pode significar que você está com dificuldade para alcançar seus objetivos porque não tem um plano bem definido ou está sentindo um pouco de preguiça ultimamente.

O NAIPE DE ESPADAS

ÁS
de Espadas

PLANETA REGENTE Vênus   **SIGNOS DO ZODÍACO** Gêmeos, Libra e Aquário   **ELEMENTO** Ar   **SIM OU NÃO** Sim   **PALAVRAS-CHAVE NA POSIÇÃO NORMAL** Avanços, novas ideias, clareza mental, mente arguta.   **PALAVRAS-CHAVE NA POSIÇÃO INVERTIDA** Falta de clareza mental, confusão, reformulação de uma ideia, julgamento anuviado, derrota.

Significado na posição normal

O Ás de Espadas representa novos começos e novas ideias. Essa carta mostra uma mão emergindo de uma nuvem segurando uma espada em riste. Essa imagem simboliza o intelecto e a mente. É um sinal de que você pode ter um avanço intelectual em suas ideias, que pode se manifestar como uma maneira diferente de pensar e ver as coisas. As energias dos signos de Ar, Gêmeos, Aquário e Libra, também podem ajudar a trazer uma constatação súbita, permitindo que você supere quaisquer desafios.

Se essa carta aparecer, é hora de manter a cabeça e os pensamentos no lugar, para conseguir se concentrar. Isso faz com que esse seja um ótimo momento para se dedicar aos seus objetivos. A folhagem que envolve a coroa da carta representa vitória e sucesso, mostrando que é o momento perfeito para seguir em frente com seus planos ou até mesmo iniciar um novo projeto, pois você tem todo o potencial para ter sucesso. Só é preciso que você trabalhe com afinco e prossiga de maneira calculada.

Significado na posição invertida

O Ás de Espadas invertido representa falta de novas ideias e derrota. No momento, você não tem a acuidade mental necessária para superar os desafios, o que pode fazer com que se sinta frustrada e confusa. Também pode ser um sinal de que seu julgamento pode estar enevoado, dificultando a tomada de boas decisões. Isso indica que você pode ter que reformular uma ideia que teve porque as coisas não estão progredindo ou funcionando como você queria.

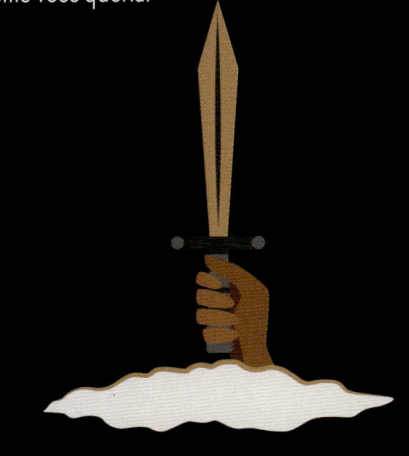

DOIS
de Espadas

PLANETA REGENTE Lua **SIGNO DO ZODÍACO** Libra **ELEMENTO** Ar **SIM OU NÃO** Talvez **PALAVRAS-CHAVE NA POSIÇÃO NORMAL** Escolhas difíceis, impasse, avaliação, opções, indecisão. **PALAVRAS-CHAVE NA POSIÇÃO INVERTIDA** Confusão, impasse, sobrecarga de informações, o menor de dois males.

Significado na posição normal

O Dois de Espadas, que mostra uma mulher segurando duas espadas cruzadas, representa decisões e análise das opções. Na carta, ela está com os olhos vendados para indicar que a escolha diante dela não é fácil, pois tem informações ocultas que podem influenciar sua decisão. As duas espadas cruzadas são mantidas em perfeito equilíbrio, o que é um lembrete para você pesar todos os prós e contras sobre qualquer decisão que tomar. Dedique um tempo para coletar todas as informações disponíveis para fazer uma escolha fundamentada. A Lua em Libra lembra você de confiar na sua intuição em qualquer decisão.

Quando essa carta aparece numa leitura, ela pode representar a chegada a um impasse. As espadas cruzadas na carta também podem indicar que você chegou a uma encruzilhada na vida. Você pode estar se sentindo presa no meio de algo, seja um problema, seja situação, ou você pode estar indecisa entre duas pessoas. Você também pode descobrir que está se negando a tomar uma decisão necessária.

Significado na posição invertida

O Dois de Espadas invertido representa indecisão. Você está se sentindo ansiosa, estressada e sobrecarregada com informações que estão piorando sua indecisão. É um sinal de que você deve tomar uma decisão, mas está presa entre duas escolhas ruins com resultados igualmente ruins, o que torna a escolha que você precisa fazer muito mais difícil. Os atrasos, a confusão e a turbulência que essa carta traz também não ajudam. Você deve encontrar o menor de dois males para que possa obter o melhor de uma situação ruim. Essa carta é um sinal para que você não deixe a opinião dos outros desviá-la do seu curso.

TRÊS
de Espadas

PLANETA REGENTE Saturno   **SIGNO DO ZODÍACO** Libra   **ELEMENTO** Ar
SIM OU NÃO Não   **PALAVRAS-CHAVE NA POSIÇÃO NORMAL** Desgosto, dor emocional, revolta, desgosto, tristeza, mágoa.   **PALAVRAS-CHAVE NA POSIÇÃO INVERTIDA** Recuperação, perdão, liberação da dor, seguir em frente, otimismo.

Significado na posição normal

O Três de Espadas representa um desgosto inesperado ou súbito, decepção e tumulto emocional. Essa carta mostra um coração trespassado por três espadas. Essas feridas simbolizam a dor emocional infligida a você por outra pessoa. Pode ser um sinal de que você foi traída por uma pessoa próxima ou passou por um período traumático na vida. Você também pode ter sofrido uma perda que a afetou profundamente. É um lembrete para dar um tempo a si mesma para lamentar e expressar sua tristeza. Não se apresse, todos nós processamos as coisas em ritmos diferentes. Se essa carta aparecer, também pode indicar depressão, solidão e isolamento.

Como uma carta dos Arcanos Menores, é bom saber que os efeitos dessa carta são apenas temporários. De uma maneira mais positiva, é um lembrete de que todas enfrentamos momentos sombrios e difíceis na vida, mas é a partir dessas experiências desafiadoras que crescemos. Saturno (em Libra), o planeta regente dessa carta, é mais um lembrete de que nada na vida, incluindo a dor emocional, dura para sempre.

Significado na posição invertida

O Três de Espadas invertido representa a superação da mágoa. Você está se recuperando de um período de trauma emocional e está liberando a dor, a mágoa e a tristeza que isso lhe causou. Não importa pelo que você esteja passando, essa carta é uma indicação de que você superou o pior e agora está seguindo em frente, sentindo-se mais forte por causa de suas experiências. Você não está mais deixando a negatividade, especialmente o diálogo interior negativo, tirar o melhor de você, e está se sentindo mais otimista. Se essa carta aparecer, é sinal de que é hora do perdão e da reconciliação.

QUATRO
de Espadas

PLANETA REGENTE Júpiter **SIGNO DO ZODÍACO** Libra **ELEMENTO** Ar **SIM OU NÃO** Talvez **PALAVRAS-CHAVE NA POSIÇÃO NORMAL** Descanso, relaxamento, contemplação, recuperação, restauração. **PALAVRAS-CHAVE NA POSIÇÃO INVERTIDA** Exaustão, esgotamento, inquietação, contemplação, reflexão.

Significado na posição normal

O Quatro de Espadas representa um tempo de descanso ou pausa. Essa carta mostra um cavaleiro de armadura deitado em seu túmulo, com as mãos em posição de prece. Ela simboliza descanso e relaxamento e é uma sugestão para que você encontre um pouco de calma e paz interior, agora muito necessárias. A agitação e o tumulto da vida cotidiana estão cobrando de você um preço alto. Você está se sentindo ansiosa e sobrecarregada e essa carta é um sinal para você reservar um tempo para se recuperar, recarregar as baterias e revigorar mente, corpo e espírito. O signo regente de Libra mostra a necessidade de trazer mais equilíbrio à sua vida.

Essa carta simboliza a contemplação e a reflexão. É um bom momento para reavaliar suas prioridades e analisar para onde deseja direcionar sua energia. No seu santuário interior, você pode deixar o medo e o estresse na porta, para que possa avaliar racionalmente o ponto em que está e como planeja seguir em frente.

Significado na posição invertida

O Quatro de Espadas invertido representa a exaustão e a inquietação. Essa carta aparece numa leitura quando você está perto do esgotamento, porque tem trabalhado demais e, consequentemente, seus níveis de estresse e ansiedade aumentaram. Tome-a como um aviso para se cuidar melhor e evitar um colapso nervoso e o esgotamento completo – é importante que você reserve algum tempo para descansar. O Quatro de Espadas invertido também pode representar o despertar e o aumento da força interior, que está ajudando você a se curar e se recuperar do estresse e da ansiedade.

CINCO
de Espadas

PLANETA REGENTE Vênus **SIGNO DO ZODÍACO** Aquário **ELEMENTO** Ar **SIM OU NÃO** Não **PALAVRAS-CHAVE NA POSIÇÃO NORMAL** Conflito, competição, derrota, desacordos, vencer a qualquer custo. **PALAVRAS-CHAVE NA POSIÇÃO INVERTIDA** Reconciliações, ressentimentos persistentes, fazer as pazes.

Significado na posição normal

Como todas as cartas de número 5 do tarô, o Cinco de Espadas representa um conflito que traz preocupação e estresse. No baralho Waite-Smith, essa carta mostra um homem segurando três espadas e ao lado de mais duas espadas, no chão, simbolizando uma luta que foi travada e perdida. O homem está olhando por cima do ombro, para as duas figuras derrotadas se afastando. Essa imagem simboliza agressividade, hostilidade e pode indicar uma séria animosidade. Vênus em Aquário pode trazer um nível de desapego que pode tornar essa situação mais difícil de lidar.

Se você se envolveu num desentendimento há pouco tempo, essa carta pode significar que você ganhou o confronto, mas, em consequência, também perdeu muito. Isso pode significar que seu relacionamento ou a pessoa com quem você discutiu foi prejudicada e o impacto do que aconteceu durará mais do que o desentendimento. É um lembrete de que ter a atitude de que você deve vencer a todo custo traz seus próprios problemas quando se trata de relacionamentos.

Significado na posição invertida

O Cinco de Espadas invertido representa a reconciliação e o fim do conflito. Essa carta pode vir como um convite para que você se desculpe depois de um desentendimento, de modo que possam fazer as pazes, sanar divergências e liberar o estresse que você está carregando. Essa carta também é um sinal para você se comprometer e encontrar uma solução para qualquer conflito; portanto, se guarda rancor, precisa deixá-lo ir. Isso pode não ser fácil, por isso essa carta também pode representar ressentimentos persistentes a ponto de haver um desejo de vingança. Lembre-se, vencer não é tudo.

SEIS
de Espadas

PLANETA REGENTE Mercúrio **SIGNO DO ZODÍACO** Aquário **ELEMENTO** Ar **SIM OU NÃO** Talvez **PALAVRAS-CHAVE NA POSIÇÃO NORMAL** Transição, mudança, seguir em frente, deixar para trás, liberar bagagem emocional. **PALAVRAS-CHAVE NA POSIÇÃO INVERTIDA** Bagagem emocional, assuntos inacabados, resistência à mudança.

Significado na posição normal

O Seis de Espadas representa a transição. No baralho Waite-Smith, essa carta mostra uma mulher e uma criança num barco que está sendo impulsionado por um jovem. Todos eles estão de costas, olhando na direção em que estão indo, não para o lugar de onde vieram, o que simboliza deixar algo para trás. Pode ter sido algo traumático, mas a boa notícia é que sua vida está mudando para melhor, pois essa carta é um sinal de que você vai seguir em frente, superar as dificuldades e encontrar alívio. Essa mudança é para o seu bem maior.

Na carta, há seis espadas em pé na frente da mulher e da criança no barco, o que sugere que você está carregando bagagem emocional indesejada do passado. Ela é um convite para você deixá-la ir, em vez de carregá-la com você para o futuro, para que possa se curar e seguir em frente. Mercúrio em Aquário, o planeta e o signo associados a essa carta, ajuda você a ver as coisas como elas são e a analisar objetivamente o que precisa liberar.

Significado na posição invertida

O Seis de Espadas invertido é um sinal de que você está resistindo ao fluxo de mudança. Que está presa ao passado, sentindo-se incapaz de liberar a bagagem emocional que está carregando. Você está desperdiçando muito tempo olhando para trás, em vez de viver no presente e olhar para o futuro. Qualquer assunto inacabado pode estar pesando muito em sua consciência, o que torna mais difícil deixá-lo para trás. Essa transição em sua vida é inevitável, quer resista, quer não, mas parece que você está fazendo o máximo para evitar ou até mesmo fugir dela. Você pode até sentir que essa mudança está sendo imposta a você.

SETE
de Espadas

PLANETA REGENTE Lua   **SIGNO DO ZODÍACO** Aquário   **ELEMENTO** Ar   **SIM OU NÃO** Não   **PALAVRAS-CHAVE NA POSIÇÃO NORMAL** Decepção, traição, esquemas, fugir com alguma coisa.   **PALAVRAS-CHAVE NA POSIÇÃO INVERTIDA** Repensar a abordagem, confessar, síndrome do impostor.

Significado na posição normal

O Sete de Espadas representa desonestidade e trapaça. Na carta, um homem segura cinco espadas nos braços, enquanto foge de um acampamento. Duas espadas estão em pé atrás dele, e o homem olha por cima do ombro para o que deixou para trás, claramente orgulhoso de ter conseguido escapar despercebido. Essa é a carta do comportamento arriscado e perigoso. Ela simboliza que você ou outra pessoa está enganando e tentando se safar de alguma coisa, esperando não ser descoberta. Essas ações mostram falta de consciência e não consideram os sentimentos dos outros.

Essa carta pode ser um sinal de alerta para você se proteger contra os esquemas de outras pessoas, que podem estar tentando manipular suas ações e seus pensamentos em benefício próprio. Ela também pode ser uma indicação de que você é quem está manipulando os outros e um lembrete para você se conscientizar disso.

Significado na posição invertida

O Sete de Espadas invertido representa a sua consciência e o ato de confessar algo que você fez e do qual não se orgulha. É um sinal para você repensar seu modo de encarar a vida, em especial se passou a reconhecer comportamentos negativos em si mesma. Você pode estar sentindo um peso na consciência e pressão para ser sincera e revelar a verdade e, embora confessar nunca seja fácil, pode ajudar se você colocar tudo em pratos limpos e fizer as pazes com alguém. Essa carta também pode representar segredos guardados, pessoas que mentem e trapaceiam e aquelas que geralmente são tóxicas e não vale a pena ter por perto.

OITO
de Espadas

PLANETA REGENTE Júpiter **SIGNO DO ZODÍACO** Gêmeos **ELEMENTO** Ar **SIM OU NÃO** Não **PALAVRAS-CHAVE NA POSIÇÃO NORMAL** Restrição, restrições autoimpostas, desamparo, pensamento negativo. **PALAVRAS-CHAVE NA POSIÇÃO INVERTIDA** Empoderamento, liberdade, assumir o controle, liberar.

Significado na posição normal

O Oito de Espadas representa o sentimento de se sentir restringida pelas circunstâncias. Essa carta mostra uma mulher vendada e amarrada, cercada por oito espadas. À primeira vista, ela parece presa, mas, se a mulher conseguir tirar a venda e a corda que a prende, pode escapar dessa situação. Essa mulher simboliza você, e a venda são suas crenças limitantes e seus pensamentos negativos, que estão mantendo você presa às atuais circunstâncias. Júpiter em Gêmeos pode piorar isso, fazendo com que você pense demais. Essas restrições que você mesma se impõe a impedem de crescer e seguir em frente, paralisando-a emocionalmente, com medo e ansiedade.

Essa carta é um convite para você romper o ciclo e retomar o controle, deixando de lado todas as coisas que a estão impedindo de avançar. Trata-se de um lembrete de que sempre há uma maneira de superar os obstáculos que encontramos no caminho. Você pode se sentir incapaz de vencer os desafios, mas o importante é lembrar que você não é uma pessoa fraca e indefesa!

Significado na posição invertida

O Oito de Espadas invertido representa a recuperação do controle. Você tem se sentido sob muita pressão ultimamente e essa carta é um sinal de que essa pressão agora acabará e você vai poder respirar aliviada. Trata-se de um momento de empoderamento, liberdade e término de circunstâncias difíceis. Essa carta é uma indicação de que você está se sentindo mentalmente mais forte e pronta para enfrentar e superar os obstáculos que a impedem de seguir em frente. Você está se sentindo mais positiva com relação a si mesma e capaz de se libertar dos pensamentos negativos e das crenças limitantes que detinham.

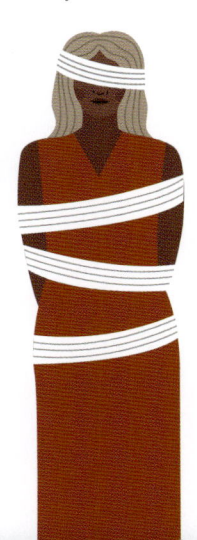

NOVE
de Espadas

PLANETA REGENTE Marte   **SIGNO DO ZODÍACO** Gêmeos   **ELEMENTO** Ar   **SIM OU NÃO** Não   **PALAVRAS-CHAVE NA POSIÇÃO NORMAL** Ansiedade, preocupação, medo, desesperança, pesadelos, depressão, ponto de ruptura.   **PALAVRAS-CHAVE NA POSIÇÃO INVERTIDA** Buscar ajuda, aprender a lidar com a situação, fim da preocupação, recuperação, culpa, vergonha.

Significado na posição normal

O Nove de Espadas representa ansiedade, preocupação e medo. Essa carta mostra uma mulher sentada na cama, com a cabeça entre as mãos, como se tivesse acordado de um pesadelo. As nove espadas acima dela simbolizam os pensamentos destrutivos e são um sinal de que seus próprios pensamentos negativos a afetam profundamente. Além de tudo, Marte em Gêmeos está fazendo você se sentir inquieta.

Você se sente sobrecarregada com tudo o que está acontecendo em sua vida agora, o que a levou a um ponto de ruptura. Essa carta também pode indicar depressão e insônia. Se esse é o seu caso, não tenha medo de procurar ajuda. Isolar-se só vai piorar a sensação de desesperança. Quando essa carta aparece numa leitura, indica que as coisas não estão tão ruins quanto você pensa, mas sua ansiedade está tornando tudo pior. Lembre-se de que sempre há uma maneira de superar a situação em que você se encontra e seus pensamentos negativos.

Significado na posição invertida

O Nove de Espadas invertido representa a recuperação e o fim da preocupação e da ansiedade que a dominam. Numa leitura, essa carta pode significar esperança após um período difícil em sua vida. As coisas ainda podem estar difíceis, mas vão melhorar porque você está aprendendo a lidar com seus pensamentos negativos. Uma alternativa é essa carta ser um sinal de que a depressão, a ansiedade e o medo que você sente estão piorando. Isso desperta outros sentimentos, como culpa e vergonha. Não tenha medo de pedir ajuda e apoio; você não precisa lutar sozinha.

DEZ
de Espadas

PLANETA REGENTE Sol   **SIGNO DO ZODÍACO** Gêmeos   **ELEMENTO** Ar   **SIM OU NÃO** Não   **PALAVRAS-CHAVE NA POSIÇÃO NORMAL** Fracasso, colapso, finais dolorosos, derrota, traição, ruína, beco sem saída.   **PALAVRAS-CHAVE NA POSIÇÃO INVERTIDA** Melhoria, lições aprendidas com dificuldades passadas, recuperação, desespero, recaída.

Significado na posição normal

O Dez de Espadas representa derrota e fracasso. Essa carta mostra um homem deitado de bruços, com dez espadas cravadas nas costas, o que simboliza traição; é um sinal para você cuidar de si mesma. Pode ser que alguém que você conhece esteja pronto para apunhalá-la pelas costas e traí-la. Essa carta indica finais dolorosos, laços cortados, chegar ao fundo do poço ou a um beco sem saída. Pode também indicar exaustão ou até problemas de saúde como fadiga crônica e colapso nervoso. Como Gêmeos é o signo regente dessa carta, você pode ter ataques de ansiedade.

Quando essa carta aparece numa leitura, é um sinal de que algo imprevisto aconteceu e a pegou desprevenida. É um lembrete de que você não pode controlar todos os aspectos da sua vida o tempo todo. Essa carta também pode indicar que você está assumindo o papel de vítima para ajudá-la a passar por um momento difícil.

Significado na posição invertida

O Dez de Espadas invertido representa a luz no fim do túnel. As coisas estão ficando melhores, e você está se recuperando, pois o pior já passou. Mesmo que não sinta que as coisas estão melhorando, você está pelo menos sobrevivendo a esses tempos difíceis. Períodos ruins na vida têm muito a nos ensinar, e essa carta é um sinal de que você está aprendendo as lições representadas pelas dificuldades do passado, que a estão ajudando a seguir em frente. Outra possibilidade é que essa carta simbolize a total derrota, a recaída e a tentativa de evitar um final inevitável, porque você tem medo do que ele pode trazer.

VALETE
de Espadas

PLANETAS REGENTES Saturno e Mercúrio **SIGNOS DO ZODÍACO** Gêmeos e Capricórnio **ELEMENTOS** Ar e Terra **SIM OU NÃO** Sim **PALAVRAS-CHAVE NA POSIÇÃO NORMAL** Novas ideias, curiosidade, energia mental, sede de conhecimento, comunicação, inspiração. **PALAVRAS-CHAVE NA POSIÇÃO INVERTIDA** Muita conversa e pouca ação, cinismo, manipulação, pressa, insulto.

Significado na posição normal

O Valete de Espadas representa novas ideias, inspiração e energia apaixonada, e pode indicar que você está na fase de planejamento de algo em sua vida. A carta mostra uma jovem apontando uma espada para o céu. Isso simboliza sede de conhecimento, aprendizado e conquistas, e está associado a uma mente perspicaz e inquisitiva. Você está cheia de novas ideias, mas, como essa carta é regida por um signo de Terra (Capricórnio) e um signo de Ar (Gêmeos), ela é um lembrete para você manter suas ideias fundamentadas para alcançar o sucesso.

Graças à regência do planeta Mercúrio, a maneira como você se comunica é importante e serve como um alerta para você pensar antes de falar. Embora seu estilo de comunicação direta permita que as pessoas saibam onde estão pisando, às vezes você pode passar dos limites e dizer coisas sem pensar, não levando em conta o impacto que isso pode ter sobre os outros. Essa carta também é um alerta para você não ser arrastada para discussões ou conflitos desnecessários.

Significado na posição invertida

O Valete de Espadas invertido representa falta de ideias e planejamento. Você está sendo muito precipitada e não está pensando em suas ações antes de tomar uma atitude. Você precisa se organizar e planejar como vai atingir seus objetivos para alcançar o sucesso. Essa carta é um sinal de que seu jeito brusco de se comunicar a está prejudicando. É um lembrete para você observar a maneira como fala com as pessoas da sua vida. Suas palavras podem soar rudes e ofensivas aos ouvidos alheios, mesmo que você sinta que está apenas sendo sincera. Essa carta também pode simbolizar cinismo, manipulação, decepção e jogos mentais.

CAVALEIRO
de Espadas

PLANETAS REGENTES Marte e Saturno **SIGNOS DO ZODÍACO** Áries e Aquário **ELEMENTOS** Ar e Fogo **SIM OU NÃO** Sim **PALAVRAS-CHAVE NA POSIÇÃO NORMAL** Ação, mudança, impulsividade, impulso para o sucesso, pensamento rápido, foco. **PALAVRAS-CHAVE NA POSIÇÃO INVERTIDA** Falta de foco, desconsideração pelas consequências, grosseria, agressividade, arrogância, falta de tato.

Significado na posição normal

O Cavaleiro de Espadas representa bravura, ação e coragem. Essa carta mostra um cavaleiro de armadura, montando num cavalo branco avançando a galope, o que sugere uma grande dose de energia e impulso associada a ela. Essa carta indica que sua mente está focada em seus objetivos. Você está altamente motivada e, graças a Saturno em Aquário, está cheia de ambição e motivada para ter sucesso e alcançar seus objetivos.

Essa carta anuncia a chegada da mudança. Este é um tempo para aproveitar as oportunidades; você estava esperando essa mudança há um tempo, embora não seja a hora de ser impulsiva. Seja assertiva em sua comunicação e use sua mente arguta e sua inteligência para agarrar as oportunidades e aproveitá-las para chegar aonde quer. Lembre-se de que a mudança nem sempre é fácil, mas, quando essa carta aparece numa leitura, é sinal de que você vai ter confiança e força para avançar, mesmo que não se sinta à vontade para mudar. Essa é a única maneira de você alcançar seu maior potencial.

Significado na posição invertida

O Cavaleiro de Espadas invertido representa impaciência, impulsividade e falta de foco. Você tem muita energia, mas caminha sem direção, o que significa que pode estar com dificuldade para alcançar seus objetivos. Essa carta também pode indicar alguém que muitas vezes é rude, demonstra pouco tato e desconsidera o efeito causado pelas suas palavras. Esteja atenta às suas palavras e avalie se o que diz pode estar magoando outras pessoas. Essa carta também pode ser um sinal de agressividade e arrogância.

RAINHA
de Espadas

PLANETAS REGENTES Marte e Vênus **SIGNOS DO ZODÍACO** Escorpião e Libra **ELEMENTOS** Ar e Água **SIM OU NÃO** Sim **PALAVRAS-CHAVE NA POSIÇÃO NORMAL** Percepção, justiça, independência, honestidade, imparcialidade, mente clara, pensamento construtivo. **PALAVRAS-CHAVE NA POSIÇÃO INVERTIDA** Coração frio, amargura, defensiva, aspereza, ar enganoso, modo implacável.

Significado na posição normal

A Rainha de Espadas representa alguém (muitas vezes uma mulher madura) que é honesta, justa e imparcial em seus julgamentos. Na carta do baralho Waite-Smith, a Rainha está sentada num trono de pedra decorado com querubins e borboletas, para simbolizar seu lado mais terno, bem como a transformação. Ela segura uma espada na vertical, que representa o desejo de encontrar a verdade em todas as questões.

Essa carta é um símbolo de independência, mas também da compaixão que se obtém em decorrência do sofrimento pessoal. Representa uma pessoa que estará ao seu lado para apoiá-la quando as coisas ficarem difíceis. Graças a Marte em Escorpião e Vênus em Libra, essa pessoa também lhe oferecerá proteção, pois usa suas próprias experiências negativas para ajudar os outros. A Rainha é altamente perspicaz e aparece numa leitura quando você precisa de clareza mental. Essa carta é um sinal de que você consegue chegar ao cerne de qualquer problema, pois sabe deixar as emoções de lado e liderar com a razão, ao tomar qualquer decisão.

Significado na posição invertida

A Rainha de Espadas invertida indica que seu coração é que comanda a sua cabeça; por isso, você não pensa com objetividade, pois suas emoções estão distorcendo sua percepção da realidade. Se essa carta aparecer, isso pode ser um sinal de que alguém está sendo muito crítico com você ou, pelo contrário, você está sendo crítica com as outras pessoas. Pode ser uma indicação de que você está se isolando, porque seus mecanismos de defesa entraram em ação e você ergueu muros de proteção. Também pode ser um sinal de pessimismo, amargura e frieza, bem como um comportamento enganoso e cruel.

REI
de Espadas

PLANETAS REGENTES Saturno e Vênus **SIGNOS DO ZODÍACO** Aquário e Libra **ELEMENTOS** Ar e Ar **SIM OU NÃO** Sim **PALAVRAS-CHAVE NA POSIÇÃO NORMAL** Autoridade, clareza mental, integridade, disciplina, verdade, poder intelectual, razão, moralidade. **PALAVRAS-CHAVE NA POSIÇÃO INVERTIDA** Manipulação, gênio controlador, crueldade, irracionalidade, desonestidade.

Significado na posição normal

O Rei de Espadas representa autoridade, disciplina e estrutura. No baralho Waite-Smith, essa carta mostra o Rei sentado num trono, segurando uma espada na vertical, para simbolizar a verdade e seu poder intelectual. Essa carta é um sinal para você usar os poderes do seu intelecto para alcançar suas metas. Quando essa carta aparece numa leitura, indica que você precisa usar o cérebro em vez do coração, pois é hora de sobrepor a mente à matéria.

Regida por dois signos de Ar, Libra e Aquário, essa carta representa principalmente a razão, a lógica, a disciplina, a adaptabilidade e um senso de moralidade e integridade. Ela é um sinal para você continuar sendo objetiva e manter a mente clara, concentrando-se apenas em fatos e também sendo imparcial. Isso vale particularmente para os casos em que precisa julgar uma situação. O Rei de Espadas representa a importância do pensamento crítico, especialmente ao tomar uma decisão, para que você possa ter certeza de que sua escolha é baseada em fatos e não em sentimentos.

Significado na posição invertida

O Rei de Espadas invertido representa falta de autoridade e disciplina. Você não está analisando as coisas com objetividade, por isso essa carta é um sinal de que precisa usar a cabeça e avaliar a situação com razão e lógica. Ela indica que você não está sendo imparcial e está julgando sem saber toda a verdade das coisas. Essa carta pode simbolizar o uso indevido do poder, manipulação e comportamento controlador e cruel. Se essa carta aparecer numa leitura, pode ser um sinal de que você está usando seus poderes intelectuais para fins ilícitos ou propósitos egoístas.

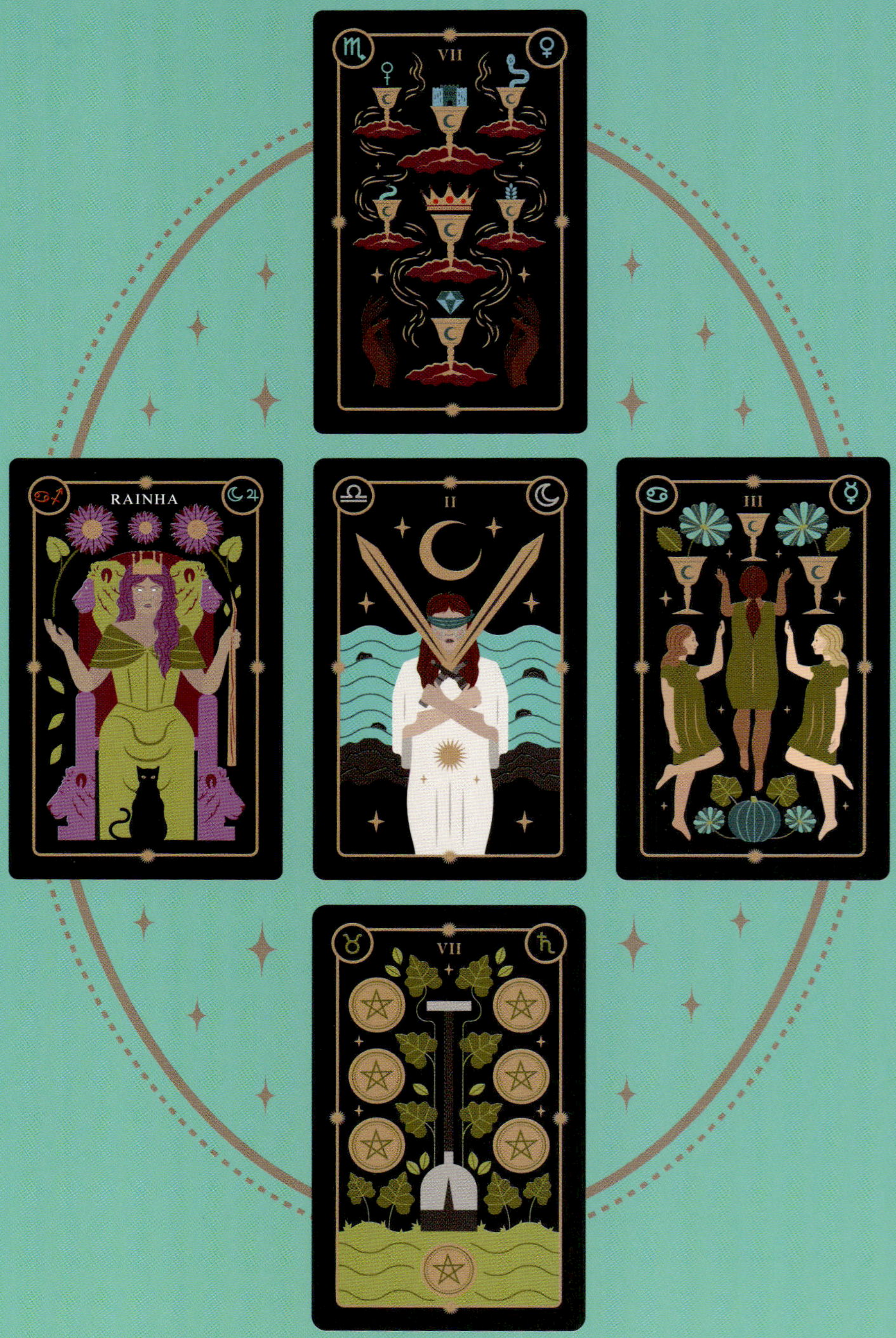
VII
RAINHA
II
III
VII

5
AS TIRAGENS DE TARÔ

Agora que exploramos todas as 78 cartas do tarô, vamos examinar como usá-las em tiragens. As tiragens de tarô são modos específicos de dispor as cartas, projetados para que você possa se concentrar em determinada questão ou situação. Cada carta representa uma pergunta e, junto com as informações das outras cartas da tiragem, você tem a possibilidade de ter uma visão mais ampla.

Neste capítulo, serão apresentadas as tiragens provavelmente mais conhecidas: as de três e quatro cartas e a Cruz Celta, uma tiragem mais complexa. Você aprenderá o que cada uma das cartas das tiragens representa, para que possa usá-las em sua prática de tarô. Também aprenderá que as cartas da tiragem da Cruz Celta, por exemplo, sempre representam a mesma questão, ao passo que, nas tiragens de três e quatro cartas, existem tantas variações diferentes que elas podem ser usadas para esclarecer praticamente qualquer problema e serem adaptadas para atender a praticamente qualquer necessidade.

A maior vantagem de usar uma tiragem de tarô é que ela força você a analisar cada carta tirada do baralho procurando perceber como ela se conecta com a questão que representa. Isso é particularmente útil quando você está iniciando no tarô, pois permite que examine as cartas em detalhes, pense no que elas significam e interprete o modo como se relacionam com você e a questão que representam.

COMO LER AS CARTAS
Para Si Mesma e para Outras Pessoas

Esteja fazendo leituras para si mesma ou para outras pessoas, a melhor dica que alguém pode lhe dar é "pratique". Quanto mais praticar com as suas cartas (fazendo leituras apenas para si mesma ou para outras pessoas, se isso lhe agradar), mais confiante você se sentirá. Mas, se não for uma tiragem diária, como você se prepara para fazer uma leitura de tarô? Nesta seção, guiarei você pelas etapas básicas que deve seguir para se preparar para uma leitura de tarô. Porém, não se trata aqui de regras rígidas, por isso sinta-se à vontade para modificá-las se necessário, de modo a atender às suas próprias necessidades. Embora essas etapas sejam uma boa maneira de começar, você descobrirá que, à medida que ganha experiência na sua prática de tarô, começará a desenvolver um método próprio para se preparar para uma leitura.

1. CRIE A ATMOSFERA PROPÍCIA

A primeira coisa que faço ao me preparar para uma leitura é criar um clima propício à adivinhação. Não há uma maneira certa ou errada de fazer isso. Eu acendo um incenso e uma vela roxa para representar as habilidades psíquicas, mas essa é uma escolha pessoal. Prefiro desligar todos os dispositivos eletrônicos, como o celular e a TV, para não me distrair nem ser interrompida por uma ligação. Gosto de silêncio quando faço uma leitura, mas, se lhe agradar, você pode preparar o ambiente e a si mesma colocando uma música para tocar. Eu sempre reservo alguns minutos para purificar meus instrumentos e o ambiente com fumaça de alecrim e artemísia, mas sinta-se livre para usar outros métodos de limpeza, como a visualização de uma luz brilhante sobre as cartas. É importante limpar seu baralho antes de começar, para remover qualquer energia indesejada que tenha se acumulado ali desde a última limpeza. É por isso que eu tenho um baralho de tarô que só uso quando leio as cartas para mim e outros baralhos para utilizar nas leituras que faço para outras pessoas.

2. PREPARE-SE

Depois de preparar o ambiente, eu me concentro na minha preparação pessoal. Para isso, eu me sento num lugar confortável, me purifico com fumaça de incenso e pratico técnicas de ancoramento antes de começar.

Outros métodos podem incluir a conexão com espíritos, guias ou divindades, a quem você queira pedir ajuda durante a leitura. A meditação também é um bom método para você usar. Medite sobre a questão ou situação para a qual você está procurando ajuda por meio da leitura.

O futuro começa agora

3. ANOTE POR ESCRITO AS SUAS PERGUNTAS

Quando já estiver pronta, anote por escrito suas principais perguntas. Procure chegar ao cerne da questão para que suas perguntas se concentrem no problema-chave. Se você estiver lendo as cartas para si mesma, pode ser útil perguntar: "Do que eu preciso agora?" e observar o que lhe vem à mente. Responda a essa pergunta com sinceridade e comece a partir daí.

4. ESCOLHA UM SIGNIFICADOR

O significador é uma carta que você escolhe para representar a pessoa para quem você está lendo as cartas, seja você mesma, seja outra pessoa. Ele também pode representar a situação, o problema ou a questão que você está investigando na leitura. Isso é algo que nem sempre faço, mas pode ser útil ao ler para outras pessoas, pois é uma maneira de incluí-las simbolicamente na leitura.

Como as cartas da Corte (Valete, Cavaleiro, Rainha e Rei) muitas vezes representam pessoas, costuma-se usar uma dessas cartas como significador (ver Arcanos Menores, no Capítulo 4). Você pode escolher a carta do significador com base em qualquer aspecto; por exemplo, pelo tipo de energia a que a carta está associada ou pela aparência física da pessoa para quem está fazendo a leitura. Você também pode escolher o significador com base na personalidade ou no signo astrológico dela. Se ela é de Virgem, Capricórnio ou Touro, então o naipe de Ouros, do elemento Terra, é uma boa escolha. Se a pessoa para quem você está lendo for uma mulher ou uma pessoa com uma energia feminina, a Rainha de Ouros pode ser uma boa opção. Você também pode escolher uma das cartas dos Arcanos Maiores (ver Capítulo 3 para conhecer os signos do zodíaco associados). Essa carta pode então ficar reservada, para você se lembrar em quem deve manter o foco durante a leitura.

5. EMBARALHE AS CARTAS

Não há uma maneira certa ou errada de embaralhar as cartas do tarô. O método mais utilizado é o mais comum nos jogos de cartas, em que você segura o baralho numa mão, pega pequenos blocos de cartas da parte de cima do baralho e os deixa cair na frente das cartas que estão na mão oposta, fazendo isso várias vezes.

Outro método é colocá-las no chão ou numa superfície plana e, em seguida, misturá-las, para depois recolhê-las novamente. O mais importante é a mentalidade com que você vai embaralhar; use esse momento para se concentrar na pergunta que formulou sobre sua situação ou seu problema.

Embaralhar as cartas é importante para você se conectar com a energia delas. Se você está fazendo a leitura para outra pessoa, é bom deixar que ela embaralhe as cartas, antes de dispô-las de acordo com a tiragem que você escolheu, pois assim o tarô ficará ainda mais imbuído da energia dela.

ESTOU REPLETA DE POTENCIAL ILIMITADO

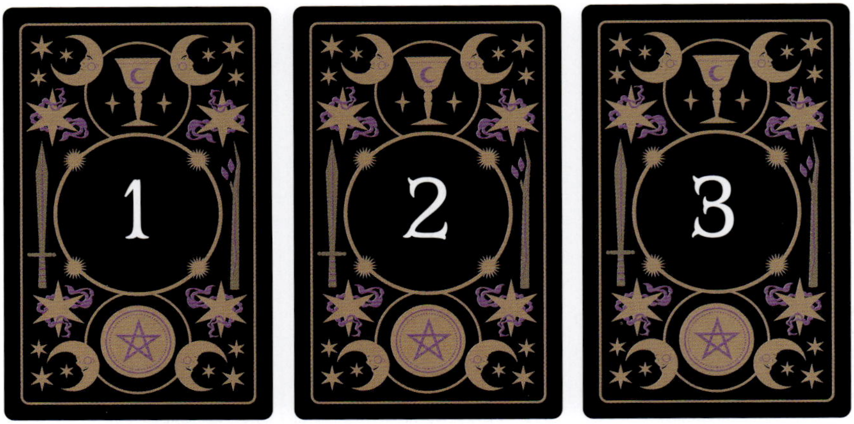
1
2
3

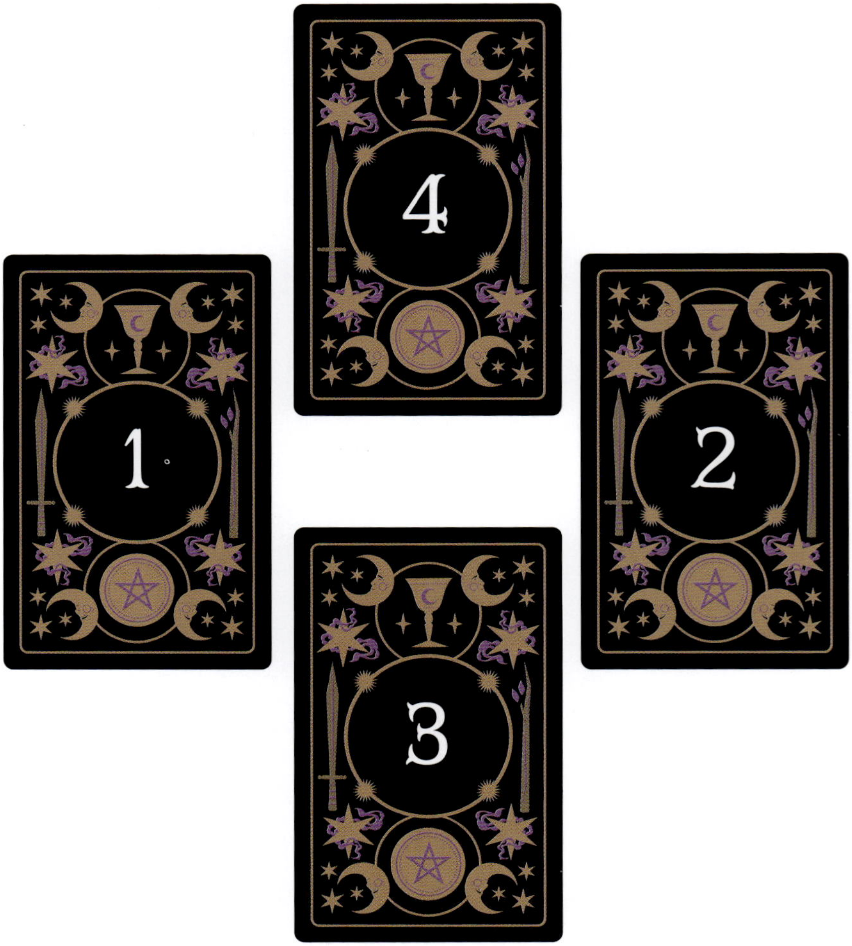
4
1
2
3

TIRAGENS
com três e quatro cartas

Quando você começar a ler o tarô, pode se sentir tentada a ir direto para tiragens mais complexas, como a da Cruz Celta (veja a página 150), mas é melhor que inicie por algo mais simples. A tiragem de três cartas é uma ótima maneira de facilitar as leituras para si mesma ou para outras pessoas, além daquela diária, em que você tira apenas uma carta. Eu comecei a ler tarô usando esse tipo de tiragem, na qual uma carta representa o passado, a segunda representa o presente e a terceira representa o futuro. A vantagem desse tipo de tiragem é que ela serve para praticamente qualquer coisa, e pode ser adaptada para qualquer necessidade, problema ou questão.

As tiragens de três cartas são ótimas para oferecer respostas claras e simples, mesmo que o problema de que trata a leitura seja complexo. Isso faz com que esse tipo de leitura seja muito usado não só por iniciantes mas por leitores de todos os níveis, inclusive profissionais. O mesmo pode se dizer da tiragem de quatro cartas, que você pode experimentar depois que já tiver uma certa prática com a leitura de três cartas. Aqui estão algumas tiragens com três e quatro cartas para você testar:

Tiragens de três cartas
(de 1 a 3 cartas)

1. Passado   2. Presente   3. Futuro
1. Agora   2. Daqui a um tempo   3. Num futuro distante
1. Pontos Fortes   2. Pontos fracos   3. Conselho
1. Amanhã   2. Daqui uma semana   3. Daqui um mês
1. Você   2. Seu parceiro   3. Seus relacionamentos
1. Atitude   2. Sentimento   3. Pensamento
1. Problema   2. Causas   3. Solução
1. Você   2. Seu atual caminho   3. Seu potencial
1. Prós   2. Contras   3. Conselho

Tiragens de quatro cartas
(de 1 a 4 cartas)

1. Passado   2. Presente   3. Futuro   4. Resultado
1. Situação   2. Desafio   3. Medos   4. Lição
1. Pergunta   2. Prós   3. Contras   4. Resposta
1. Situação   2. Orientação   3. Foco   4. Melhor resultado
1. Necessidades   2. Desejos   3. Esperanças   4. Melhor resultado
1. Motivação   2. Resultado ideal   3. Valores   4. Resultado provável
1. Físico   2. Mental   3. Espiritual   4. Potencial
1. Positivo   2. Negativo   3. Resultado   4. Conselho
1. Situação   2. Obstáculo   3. Caminho para contornar obstáculo   4. Lição

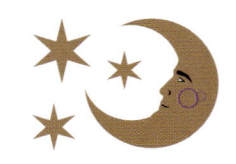

A Tiragem
da Cruz Celta

A Cruz Celta é uma das tiragens mais antigas e utilizadas. Acredita-se que tenha se originado na Europa (particularmente nas Ilhas Britânicas) e foi publicada pela primeira vez em *The Pictorial Key** (1910), de A. E. Waite, o cocriador do baralho de tarô Waite-Smith.

A princípio, a tiragem da Cruz Celta pode parecer muito complicada, o que é perfeitamente normal! É uma tiragem complexa, composta por 10 cartas, por isso é de fato mais difícil do que as outras, mas não deixe que isso a desestimule. Eu descobri que, com a tiragem da Cruz Celta, a prática realmente leva à perfeição: quanto mais você usar essa tiragem, mais fácil se tornará interpretar as cartas.

Como outras tiragens de tarô, cada carta da tiragem da Cruz Celta representa um tema específico. É melhor que você tenha uma pergunta específica, pois cada carta mostra a você um aspecto diferente do tópico da pergunta, o que pode ajudar a lhe dar uma camada mais profunda de compreensão e *insight*.

A Cruz Celta é dividida em duas partes: A Cruz, que contém seis cartas; e o Pilar, que consiste em quatro cartas. A seguir, você conhecerá os significados de cada carta na tiragem da Cruz Celta e, na página ao lado, verá como as cartas são dispostas.

---

* *O Tarô Original Waite-Smith 1909* (Parte Dois: A Chave Ilustrada do Tarô). São Paulo: Pensamento, 2024.

1. A Situação e o Presente
   O que está ocorrendo na sua situação atual.
2. O que incomoda você – o Desafio
   Um problema que você está enfrentando e quaisquer obstáculos que estejam no seu caminho.
3. O Passado Distante
   Eventos de longa data que influenciaram e moldaram o problema ou situação atual.
4. O Passado Recente
   Eventos recentes e seu impacto sobre a sua situação.
5. Seus Pontos Fortes
   Seus pontos fortes nessa situação.
6. Futuro Próximo
   Seu futuro a curto prazo e como as coisas podem terminar se você continuar no caminho que está, sem mudar de direção.
7. Influências sobre Você
   As influências sobre você e como elas afetam a situação e o resultado provável.
8. Influências Externas e Ambientais
   Como outras pessoas e suas energias afetam sua situação e afetarão o resultado.
9. Esperanças e Medos
   Como suas esperanças e seus medos afetam seu problema e, por fim, o resultado.
10. Resultado
    Essa carta mostra a maneira mais provável pela qual as coisas vão acontecer e como o problema pode ser resolvido.

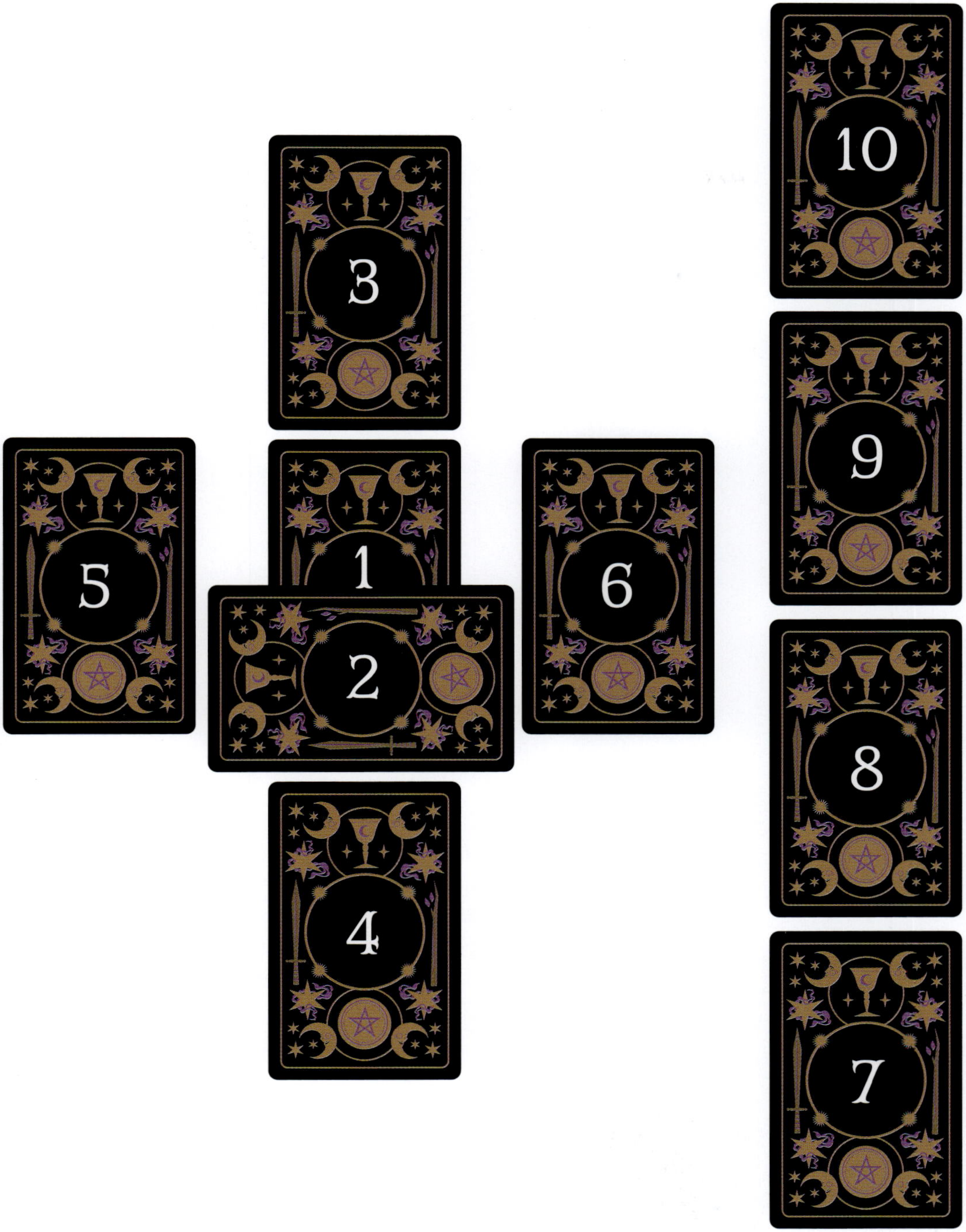

1
2
3
4
5
6
7
8
9
10

FEITIÇO COM O TARÔ PARA ATRAIR O SUCESSO

6
FEITIÇOS E RITUAIS COM O TARÔ

As cartas de tarô são instrumentos de adivinhação que ajudam você a se conectar com a sua sabedoria interior. Elas oferecem uma compreensão mais profunda das suas circunstâncias, mas também podem ser usadas em feitiços e rituais. Cada carta tem sua própria energia específica e, quando você usa em seus feitiços aquelas que estão em sintonia com a sua intenção, pode adicionar ainda mais poder à sua prática de magia. As cartas de tarô, quando usadas em feitiços, também podem auxiliar na visualização, atuando como um ponto focal simbólico nos trabalhos mágicos. Elas podem ser muito úteis principalmente se você estiver dando os primeiros passos na prática da magia.

A maior vantagem dos feitiços com o tarô é que você só precisa de um baralho de cartas para ter 156 símbolos diferentes para usar em seus trabalhos. Tudo que você precisa fazer é selecionar a(s) carta(s) que representa(m) melhor a sua intenção ou objetivo e, em seguida, elaborar um feitiço ou ritual para alcançá-lo. Esses feitiços podem ser tão simples ou tão complexos quanto você quiser, e podem incluir velas, cristais, ervas ou outros itens que você tenha à mão. No capítulo a seguir, você conhecerá uma seleção de feitiços e rituais com cartas de tarô, que incluem o uso de cristais e ervas.

Ao trabalhar com plantas, saiba que é preciso seguir algumas regras básicas. Praticamente todas as receitas deste capítulo são apenas para uso externo. Não consuma nenhum dos ingredientes se a receita não tiver orientações expressas para que você faça isso ou se não tiver certeza de que não vai apresentar nenhuma reação alérgica ou outras reações adversas. Em caso de dúvida, procure orientação médica. Nunca ingira ou toque uma erva não identificada, sempre pesquise sobre ela primeiro. E se estiver grávida, sofrer de algum tipo de alergia ou tiver algum problema de saúde, procure orientação médica antes de trabalhar com qualquer vegetal. Se você se sentir mal ou tiver alguma reação a uma planta, procure um médico imediatamente. Esteja ciente de que algumas ervas também podem ser perigosas para os animais.

FEITIÇO DE PROTEÇÃO COM O TARÔ

Feitiço de Proteção
Com o Tarô

CARTAS DE TARÔ O Imperador (defesa), A Estrela (renovação da força e do poder), O Carro (proteção para limites pessoais), Quatro de Paus (proteção para você e seus entes queridos).

INSTRUMENTOS Faca, vela preta (proteção), almofariz e pilão, papel, prato, turmalina negra (proteção), isqueiro.

INGREDIENTES Óleo, endro (proteção contra energias negativas), alecrim (proteção contra o mal), urtiga (protege seus limites).

Use ervas secas.

MELHOR ÉPOCA Lua Cheia ou Lua Crescente.

Esse feitiço oferece proteção contra qualquer tipo de energia negativa ou indesejável. O momento em que o feitiço será realizado é importante, pois ele terá mais efeito se lançado na Lua Cheia, quando a Lua está no auge do seu poder. Como esse feitiço é para atrair ou aumentar a proteção ao seu redor, também será eficaz se lançado na Lua Crescente, pois nessa fase a Lua aparentemente aumenta de tamanho no céu. As palavras "assim seja" são usadas no final do feitiço para endossar o que foi dito. É uma forma de selar o seu trabalho mágico, lançando no Universo as energias que foram geradas, de modo que suas intenções possam se realizar.

Método

1. Use uma faca para esculpir na cera da vela preta a runa "Elhaz", uma runa de proteção.
2. Coloque uma pitada de cada erva no almofariz e triture-as até obter um pó grosso.
3. Passe algumas gotas de óleo (qualquer tipo serve) na vela preta, cobrindo-a por inteiro.
4. Coloque uma camada fina das ervas moídas num pedaço de papel.
5. Role suavemente a vela sobre as ervas.
6. Coloque as cartas de tarô que você está usando num prato.
7. Coloque a vela preta e o cristal de turmalina negra no prato, perto das cartas.
8. Acenda a vela e, enquanto ela queima, diga: "Que eu possa ser protegida de qualquer mal que atravesse meu caminho. Eu invoco proteção para que esteja blindada de quaisquer energias negativas ou indesejadas. Que assim seja".
9. Deixe a vela queimar ou apague-a com um sopro.
10. Leve a turmalina negra com você para protegê-la durante todo o dia.

Elhaz Rune

FEITIÇO COM O TARÔ
para Atrair Prosperidade

CARTAS DE TARÔ O Sol (abundância em geral), Dez de Ouros (abundância financeira), Ás de Ouros (novos começos financeiros), Nove de Copas (abundância e contentamento), Roda da Fortuna (sorte).

INSTRUMENTOS Tigela, citrino (prosperidade), aventurina verde (prosperidade e riqueza), moedas ou notas de dinheiro (à sua escolha).

INGREDIENTES Manjericão (dinheiro), hortelã (prosperidade), camomila (riqueza), arroz (prosperidade).

Use ervas secas.

MELHOR ÉPOCA Lua Cheia ou Lua Crescente.

Esse feitiço ajudará você a atrair qualquer tipo de prosperidade que deseja em sua vida, mas principalmente abundância e segurança financeira. É melhor começar seu feitiço de prosperidade numa Lua Cheia ou Crescente. Como ele foi projetado para atrair prosperidade para você, funciona melhor quando a Lua está no auge do seu poder ou quando esse astro está aparentemente aumentando de tamanho no céu, à medida que se aproxima da fase cheia.

Método

1. Reúna sua tigela, instrumentos e ingredientes.
2. Polvilhe sobre a tigela uma colher de sopa de ervas e uma de arroz.
3. Use os dedos para misturá-los enquanto se concentra no tipo de prosperidade que deseja atrair.
4. Adicione os cristais enquanto continua a se concentrar na prosperidade.
5. Agora coloque as cartas de tarô na tigela.
6. Por fim, adicione moedas ou notas de papel na sua tigela, enquanto repete estas palavras três vezes: "O dinheiro flui, o dinheiro cresce, atraio a prosperidade que minha vida merece".
7. Coloque sua tigela da prosperidade em algum lugar em que você possa vê-la durante o dia.
8. Para manter a prosperidade fluindo, adicione regularmente novos itens à sua tigela, como mais dinheiro, ervas apropriadas, cristais ou símbolos da prosperidade que deseja atrair. É importante lembrar de remover também os itens mais antigos da sua tigela, pois isso evita que a energia do seu ritual fique estagnada.

FEITIÇO COM O TARÔ PARA ATRAIR PROSPERIDADE

FEITIÇO COM O TARÔ
para o Desapego

CARTAS DE TARÔ O Enforcado (desapego), A Morte (um novo começo), A Estrela (esperança), A Força (força e coragem.)

INSTRUMENTOS Almofariz e pilão, prato, vela branca (limpar energias estagnadas), água-marinha (força), vela cor-de-rosa (cura), quartzo cor-de-rosa (cura), vela azul-clara (calma), ágata-rendada azul (paz), vela preta (proteção), quartzo enfumaçado (desapego), isqueiro.

INGREDIENTES Folha de louro (força), pétalas de rosa (cura), lavanda (paz), orégano (desapego.)

Use ervas secas.

MELHOR ÉPOCA Lua Cheia.

Este feitiço ajudará você a se livrar de qualquer coisa que esteja carregando e que não sirva ao seu bem maior, sejam energias indesejadas, lembranças do passado, situações tóxicas, sejam até mesmo pessoas tóxicas. O desapego nunca é fácil, por isso é melhor realizar esse feitiço na Lua Cheia, para que você possa aproveitar ao máximo as energias lunares em sua forma mais poderosa.

Método

1. Triture grosseiramente uma folha de louro e uma colher de chá de cada uma das outras três ervas num almofariz ou algum tipo de moedor.
2. Polvilhe as ervas sobre o prato.
3. Coloque a vela branca e a água-marinha no prato e diga: "Eu sou forte".
4. Coloque a vela cor-de-rosa e a pedra de quartzo cor-de-rosa no prato e diga: "Estou me curando".
5. Coloque a vela azul-clara e a ágata-rendada azul no prato e diga: "Estou em paz".
6. Coloque a vela preta e o quartzo enfumaçado no prato e diga: "Eu solto e me desapego".
7. Acenda as velas.
8. Repita este encantamento: "Abro mão das coisas que não servem ao meu bem maior. Libero as coisas que me prendem. Tenho força para me desapegar e dar as boas-vindas à cura e à paz. Que assim seja".
9. Deixe as velas queimarem ou as apague com um sopro.

FEITIÇO COM O TARÔ PARA O DESAPEGO

| O ENFORCADO | A ESTRELA | A FORÇA | A MORTE |

FEITIÇO DE CURA COM O TARÔ

Feitiço de Cura
Com o Tarô

CARTAS DE TARÔ O Mundo (integridade), O Mago (manifestação), A Estrela (renovação e paz), O Sol (força), Quatro de Espadas (revitalização e descanso).

INSTRUMENTOS Faca, pilão e almofariz, prato, vela branca (limpeza e paz), vela verde (cura física e emocional), vela preta (proteção contra doenças), quartzo transparente, ametista, nome ou foto da pessoa a quem se destina o feitiço, isqueiro.

INGREDIENTES Uma colher de chá de qualquer óleo, uma colher de chá de canela em pó, artemísia, erva-cidreira, tomilho.

Use ervas secas.

MELHOR ÉPOCA Lua Cheia.

Método

1. Use uma faca para esculpir nas velas a runa Berkanan, para a regeneração; a runa Sowilo, para a saúde; e a runa Dagaz, para a esperança. (Ver as runas abaixo.) Grave todas as três runas em cada vela.
2. Triture uma colher de chá de cada uma das ervas até obter um pó fino.
3. Unte as três velas com um pouco de óleo e role-as no pó para envolvê-las nas ervas.
4. Coloque no prato as cartas de tarô necessárias para esse feitiço.
5. Em cima das cartas, coloque uma fotografia da pessoa para quem se destina o feitiço (você ou terceiros) ou um pedaço de papel onde escreveu o nome completo dessa pessoa.
6. Coloque as velas e os cristais ao redor da fotografia ou do nome.
7. Ao acender cada vela, repita o seguinte encantamento, "Que a minha magia cure (nome) à medida que queimam estas velas, a doença desaparece e a saúde se recupera. Que assim seja".
8. Deixe as velas queimarem ou apague-as com um sopro.

Runa Berkanan   *Runa Sowilo*   *Runa Dagaz*

FEITIÇO COM O TARÔ PARA SUPERAR OBSTÁCULOS E BLOQUEIOS

FEITIÇO COM O TARÔ
para Superar Obstáculos e Bloqueios

CARTAS DE TARÔ A Força (coragem), O Carro (determinação e sucesso), O Diabo (libertar-se de apegos), Nove de Paus (resiliência, persistência e coragem).

INSTRUMENTOS Frasco com tampa, citrino (confiança), heliotrópio (coragem para enfrentar os desafios da vida), vela preta (remover obstáculos), caneta e papel, prato resistente ao calor.

INGREDIENTES Agrimônia (romper bloqueios), café granulado ou grãos de café (dar mais energia), tomilho (remover obstáculos mentais).

Use ervas secas.

MELHOR ÉPOCA Lua Minguante ou Nova.

Esse feitiço é perfeito se você estiver enfrentando bloqueios e obstáculos, sejam mentais, sejam físicos ou emocionais, e precisa de ajuda para superá-los. Como esse feitiço foi projetado para banir os desafios que estão diante de você, é melhor realizá-lo durante a Lua Minguante, quando a Lua parece diminuir de tamanho no céu. Também pode ser realizado na Lua Nova, uma época de novos começos, quando você pode definir as suas intenções sobre como planeja superar os obstáculos e bloqueios da sua vida.

Método

1. Limpe o frasco, os instrumentos e os ingredientes.
2. Coloque os cristais no frasco enquanto pensa no obstáculo ou bloqueio que precisa superar.
3. Em seguida, adicione ao frasco cada um dos ingredientes, um de cada vez, até que ele esteja quase cheio.
4. Num pedaço de papel, anote o obstáculo ou bloqueio que você quer superar. Não tenha pressa e procure ser o mais específica possível.
5. Ao terminar, queime o papel sobre um prato resistente ao calor para simbolizar a eliminação dos desafios que você enfrenta. Queime o papel até restarem apenas cinzas.
6. Recolha as cinzas e coloque-as no frasco até enchê-lo.
7. Coloque a tampa no frasco, acenda a vela preta e sele o frasco pingando a cera quente da vela ao redor da tampa. Em seguida, apague a vela.
8. Coloque o frasco do feitiço onde você possa vê-lo ou, se for um frasco pequeno, leve-o com você na bolsa.
9. Agite o conteúdo do frasco regularmente, para reenergizá-lo.

FEITIÇO COM O TARÔ
para Atrair o Amor Romântico

CARTAS DE TARÔ Os Enamorados (amor), Ás de Copas (novos relacionamentos românticos), Dois de Copas (parceria e amor unificado).

INSTRUMENTOS Faca, duas velas cor-de-rosa (amor romântico), um prato ou refratário, papel e caneta, quartzo cor-de-rosa (amor), rodonita (nutrir o amor), isqueiro.

INGREDIENTES Pétalas de rosa cor-de-rosa (amor), lavanda (atrair o amor), sementes de funcho (amor duradouro), colher de chá de mel (trazer doçura).

Use ervas secas.

MELHOR ÉPOCA Lua Crescente ou Lua Cheia.

Esse feitiço pode ser usado para atrair o amor romântico para sua vida. Como ele também é um feitiço que visa aumentar alguma coisa, é melhor lançá-lo na Lua Crescente ou na Lua Cheia.

Método

1. Limpe seus ingredientes e instrumentos.
2. Usando uma faca ou outro objeto pontiagudo, grave nas velas o nome completo das duas pessoas que você deseja unir no amor (seja você e outra pessoa ou duas outras pessoas).
3. Passe uma pequena quantidade de mel nas velas.
4. Misture as ervas secas (não há necessidade de triturá-las para esse feitiço), depois polvilhe-as no prato no formato de um coração.
5. Coloque as duas velas cor-de-rosa dentro do coração feito no prato.
6. Coloque as pedras de quartzo cor-de-rosa e de rodonita dentro do coração, enquanto pensa no tipo de amor que deseja atrair.
7. Num pedaço de papel, desenhe o símbolo de Vênus, o planeta do amor, e coloque-o no prato entre as duas velas.
8. Coloque as cartas de tarô dentro ou ao redor do prato.
9. Acenda as velas e concentre-se em atrair amor entre as duas pessoas representadas pelas velas.
10. Deixe as velas queimarem ou apague-as com um sopro.

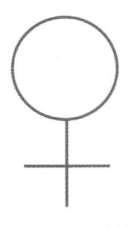

Símbolo de Vênus

OS ENAMORADOS

FEITIÇO COM O TARÔ PARA O AMOR ROMÂNTICO

FEITIÇO COM O TARÔ
para Desenvolver Habilidades Psíquicas

CARTAS DE TARÔ A Sacerdotisa (conexão com a intuição), Rainha de Copas (aumentar a intuição), Ás de Espadas (clareza mental).

INSTRUMENTOS Frasco de vidro com tampa, caneta, isqueiro, vela roxa (para representar sua intuição).

INGREDIENTES Artemísia (fortalecer poderes psíquicos), milefólio (estimular sonhos proféticos), canela (aumentar a energia espiritual), incenso de jasmim (conexão com a intuição), cascalho de ametista (aumentar a intuição), folha de louro (desenvolvimento psíquico).

Use ervas secas.

MELHOR ÉPOCA Lua Crescente ou Lua Cheia.

Esse feitiço ajuda você a se conectar com a sua intuição e desenvolver suas habilidades psíquicas. Como é um feitiço associado à atração e ao aumento, como outros neste capítulo, será mais eficaz se lançado na Lua Crescente ou Cheia.

Método

1. Limpe seus instrumentos e ingredientes.
2. Acenda o incenso de jasmim (solto, vareta ou cone) ao lançar o feitiço, pois o incenso ajuda a aumentar as habilidades psíquicas e intuitivas.
3. Coloque o cascalho de ametistas no frasco.
4. Na folha de louro, escreva qual habilidade psíquica você deseja desenvolver (por exemplo, clarividência, clariaudiência, clarissenciência) e concentre-se nessa habilidade ao adicionar a folha ao frasco.
5. Adicione porções iguais de artemísia, mil-folhas e canela até encher o frasco.
6. Se você estiver usando um incenso de jasmim em pó, também pode adicionar um pouco ao frasco de feitiço, se quiser.
7. Coloque a tampa no frasco, acenda a vela roxa e sele o frasco pingando a cera quente da vela ao redor da tampa. Apague a vela.
8. Coloque o frasco em cima das cartas de tarô e deixe-o num local onde você esteja trabalhando para desenvolver suas habilidades psíquicas, como no local onde pratica adivinhação.
9. Agite o frasco regularmente para ativar os ingredientes.

FEITIÇO COM O TARÔ PARA HABILIDADES PSÍQUICAS

RITUAL COM O TARÔ PARA ALÍVIO DO ESTRESSE

RITUAL COM O TARÔ
para o Alívio do Estresse

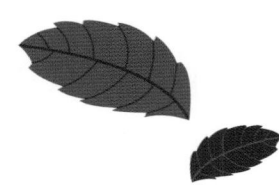

CARTAS DE TARÔ A Temperança (equilíbrio interior), A Estrela (paz), Quatro de Espadas (descanso e revitalização).

INSTRUMENTOS Isqueiro, água quente, colher, sua caneca favorita, infusor de chá.

INGREDIENTES Erva-cidreira (aliviar a ansiedade), maracujá (paz), lavanda e incenso de lavanda (paz e calma), valeriana (calma), pedras roladas de ametista (aliviar ansiedade e estresse), quartzo cor-de-rosa (cura), turmalina negra (proteção).

Use ervas secas.

MELHOR ÉPOCA Sempre que você precisar de um impulso, mas a Lua Minguante é a melhor.

Esse ritual é perfeito se você precisa de uma mãozinha para reduzir o estresse. Faça esse chá sempre que precisar de um suporte extra, mas prefira a Lua Minguante, pois é um feitiço de diminuição e redução.

Método

1. Crie uma atmosfera de calma encontrando um lugar onde não será interrompida por 10 a 15 minutos e acenda um incenso de lavanda (solto, bastão ou cone).
2. Limpe seus instrumentos e ingredientes.
3. Coloque porções iguais de cada erva no infusor de chá.
4. Encha sua caneca favorita com água quente (não fervendo), deixando as ervas em infusão de 3 a 7 minutos.
5. Coloque pedras roladas de ametista, o quartzo cor-de-rosa e a turmalina negra em torno da sua caneca ou, se preferir, segure os cristais na mão.
6. Coloque as três cartas de tarô em volta da caneca e medite sobre elas por alguns minutos.
7. Com a colher, mexa o chá no sentido anti-horário (sentido usado na Bruxaria para banir algo). Enquanto mexe o chá, visualize o seu estresse diminuindo e sendo substituído por sentimentos de calma e paz.
8. Depois de alguns minutos com as ervas em infusão, saboreie o chá.
9. Leve os cristais com você para ajudá-la a reduzir o estresse durante o dia.

Alerta: Por favor, leia as instruções da p. 153 cuidadosamente antes de fazer esse ritual.

BANHO RITUAL DE
Amor-Próprio com o Tarô

CARTAS DE TARÔ A Imperatriz (amor-próprio) e A Temperança (equilíbrio interior e calma).

INSTRUMENTOS Banheira ou bacia com água quente, vela pequena branca (para a paz), faca, isqueiro.

INGREDIENTES 150 g de sal amargo (sal de cozinha ou sal grosso são boas alternativas), pétalas de rosa (amor), lavanda (paz), óleo essencial de jasmim (aterramento), duas pedras de quartzo rosa (cura e amor-próprio).

MELHOR ÉPOCA Lua Crescente ou Lua Cheia.

Esse banho ritual é ótimo se você quiser ter mais amor-próprio. Ele é mais eficaz na Lua Crescente, porque é um ritual para estimular o aumento de algo, ou na Lua Cheia para aproveitar ao máximo a intensificação das energias lunares.

Método

1. Limpe seus instrumentos, os ingredientes e seu banheiro.
2. Prepare um banho morno.
3. Na vela branca, esculpa com a faca a afirmação: "Eu me amo" e acenda-a em algum lugar seguro perto do local do banho.
4. Coloque as cartas de tarô ao lado da vela.
5. Adicione o sal amargo, uma colher de sopa cheia de cada erva, 3 a 4 gotas de óleo essencial de jasmim e o quartzo rosa à água do banho.
6. Durante o banho, reserve um tempo para visualizar qualquer energia negativa sendo eliminada e substituída por amor-próprio incondicional.

Observação:

Se não tiver uma banheira, coloque numa bacia com água morna um punhado de sal, uma colher de chá de cada erva, 1 a 2 gotas de óleo essencial de jasmim e as pedras de quartzo rosa. Use essa água para se lavar da cabeça aos pés.

Se preferir não tomar banho com ervas soltas na água, coloque todos os ingredientes num saquinho de musselina e coloque-o dentro da banheira ou da bacia com água.

Alerta: Se você tem pele sensível e propensa a reações alérgicas, faça primeiro um teste de toque com uma infusão ou decocção das ervas que você deseja usar em seu banho ritual.

BANHO RITUAL DE AMOR-PRÓPRIO

A TEMPERANÇA

A IMPERATRIZ

CONCLUSÃO

Aprender a usar o tarô é como aprender outro idioma. Para aprendermos qualquer língua estrangeira e adquirir fluência, é preciso tempo, comprometimento e energia, e o aprendizado do tarô não é diferente. Se você ainda está aprendendo a ler as cartas, pode se sentir sobrecarregada com a quantidade de informações que precisa aprender e entender, mas aprender a ler o tarô é como participar de uma maratona, não uma corrida de cem metros, por isso não se pressione a aprender tudo de uma só vez. Avance no seu ritmo. O tarô é uma jornada que pode durar a vida inteira, nunca paramos de aprender, portanto não é preciso apressar o processo.

Eu queria que este livro não apenas apresentasse os significados das cartas de tarô, mas também ajudasse você a tornar o início da sua prática menos opressiva. Eu fiz questão de incluir informações práticas que a maioria dos livros sobre o assunto não inclui, como a escolha do seu primeiro baralho e métodos para você aprender sobre as cartas de uma maneira mais simples. Muitas vezes, a parte mais difícil é saber por onde começar, por isso, se você é iniciante no tarô, realmente espero que este livro a tenha ajudado a dar os primeiros passos e incorporar com mais facilidade a prática do tarô na sua vida diária. Se você já lê as cartas de tarô há algum tempo, espero que este livro tenha ajudado a inspirar a sua jornada e aprofundado sua prática.

LEITURAS RECOMENDADAS

LIVROS DE TARÔ EM GERAL

Shawna Blood. Reading the Tarot: The Ultimate Guide to the Rider Waite Tarot Cards.

Xanna Eve Chown. The Little Book of Tarot: An Introduction to Fortune-Telling and Divination

Brigit Esselmont. Intuitive Tarot.

Mary K. Greer. Tarot for Your Self: A Workbook for Transformation.

Benebell Wen. Holistic Tarot: An Integrative Approach to Using Tarot for Personal Growth.

Jessica Wiggan. How to Read Tarot: A Modern Guide.

TARÔ PARA INICIANTES

Stefanie Caponi. Guided Tarot: A Beginner's Guide to Card Meanings, Spreads, and Intuitive Exercises for Seamless Readings.

Lisa Chamberlain. Tarot for Beginners: A Guide to Psychic Tarot Reading, Real Tarot Card Meanings, and Simple Tarot Spreads.

Liz Dean. The Ultimate Guide to Tarot: A Beginner's Guide to the Cards, Spreads, and Revealing the Mystery of the Tarot.

Brigit Esselmont. Everyday Tarot.

Brigit Esselmont. The Ultimate Guide to Tarot Card Meanings.

Vivienne Grant. Tarot for Beginners: A Step-by-Step Guide to Tarot Reading and Tarot Spreads Using Tarot Cards.

Mary K. Greer. 21 Ways to Read a Tarot Card.

LEITORES INTERMEDIÁRIOS

Mary K. Greer. The Complete Book of Tarot Reversals.

Mary K. Greer. Understanding the Tarot Court.

Deborah Lipp. Tarot Interactions: Become More Intuitive, Psychic & Skilled at Reading Cards.

Anthony Louis. Tarot Beyond the Basics: Gain a Deeper Understanding of the Meanings Behind the Cards.

Rachel Pollack. Seventy-Eight Degrees of Wisdom: A Tarot Journey to Self-Awareness.

Michelle Tea. Modern Tarot: Connecting with Your Higher Self through the Wisdom of the Cards.

TARÔ, BRUXARIA E ASTROLOGIA

Skye Alexander. The Modern Witchcraft Book of Tarot: Your Complete Guide to Understanding the Tarot.

Verda Harper. Modern Tarot.

Corrine Kenner. Tarot and Astrology: Enhance Your Readings with the Wisdom of the Zodiac.

Samantha Novak. Wicca, Witchcraft and Tarot Mastery.

Julia Steyson. The Ultimate Guide on Wicca, Witchcraft, Astrology, and Tarot Cards: A Book Uncovering Magic, Mystery, and Spells.

Lindsay Squire. The Witch of the Forest's Guide to Astrology Magick.

ÍNDICE

A
Água 34, 85
alívio do estresse, ritual com o tarô para 169
amor
 banho ritual de amor- -próprio com o tarô 170
 feitiço com o tarô para atrair o amor romântico 164
amor romântico, feitiço com o tarô para atrair o 164
amor-próprio com o tarô, banho ritual de 170
Aquário 35, 40, 85
Ar 34, 85
Arcanos Maiores 19, 38-83
 Carro, O 54-5
 determinando o tempo com os 29
 Diabo, O 70-1
 Enamorados, Os 52-3
 Enforcado, O 64-5
 Eremita, O 58-9
 Estrela, A 74-5
 Força, A 56-7
 Hierofante, O 50-1
 Imperador, O 48-9
 Imperatriz, A 46-7
 Julgamento, O 80-1
 Justiça, A 62-3
 Louco, O 40-1
 Lua, A 76-7
 Mago, O 42-3
 Morte, A 66-7
 Mundo, O 82-3
 Roda da Fortuna, A 60-1
 Sacerdotisa, A 44-5
 Sol, O 78-9
 Temperança, A 68-9
 Torre, A 72-3
Arcanos Menores 19, 84-141
 determinar o tempo com os 28
 e os elementos 34
 Naipe de Copas 86-99
 Naipe de Espadas 128-41
 Naipe de Ouros 114-27
 Naipe de Paus 100-13
Áries 35, 85
Astrologia e tarô 29, 34-5
Atmosfera 144

B
banho ritual de amor- -próprio com o tarô 170
Baralho, baralhos Waite- -Smith 13, 19, 26
 cuidado com as cartas 16
 entrevista com o tarô 14-5
 escolha 13
 embaralhar 146
 limpeza 16
 magia com o baralho de tarô 13
 presenteado ou comprado 13
 tarô *versus* oráculo 19
 vínculo 14-5
bloqueios, feitiço com o tarô para superar 163

C
Câncer 35, 85
Capricórnio 35, 85
Carro, O 29, 54-5
Cartas da Corte 85
 números atribuídos 30
Copas, naipe de 28, 34, 85, 86-99
 Ás de Copas 6
 Cavaleiro de Copas 97
 Cinco de Copas 90
 Dez de Copas 95
 Dois de Copas 87
 Nove de Copas 94
 Oito de Copas 93
 Quatro de Copas 89
 Rainha de Copas 98
 Rei de Copas 99
 Seis de Copas 91
 Sete de Copas 92
 Três de Copas 88
 Valete de Copas 96
Cruz Celta 143, 150
cura com o tarô, feitiço de 161

D
desapego, feitiço com o tarô para o 158
Diabo, O 29, 70-1
diária, tiragem 20, 22
diário de tarô 22, 26
dormindo com o seu baralho 14

E
elementos 34-5
Enamorados, Os 29, 52-3
Enforcado, O 29, 64-5
Eremita, O 29, 58-9
Escorpião 35, 85
Espadas, naipe de 28, 34, 85, 128-41
 Ás de Espadas 128
 Cavaleiro de Espadas 139
 Cinco de Espadas 132
 Dez de Espadas 137
 Dois de Espadas 129
 Nove de Espadas 136
 Oito de Espadas 135

Quatro de Espadas 131
Rainha de Espadas 140
Rei de Espadas 141
Seis de Espadas 133
Sete de Espadas 134
Três de Espadas 130
Valete de Espadas 138
estações do ano,
   determinando com os
   Ases 28
Estrela, A 29, 74-5

F
feitiços e rituais 152-71
Fogo 34, 85
Força, A 29, 56-7

G
Gêmeos 35, 42, 85

H
habilidades psíquicas,
   feitiço com o tarô para
   desenvolver 166
Hierofante, O 29, 50-1
Imperador, O 29, 48-9
Imperatriz, A 29, 46-7
invertidas, cartas 36

J
Julgamento, O 29, 80-1
Júpiter 35
Justiça, A 29, 62-3

L
Leão 35, 85

Libra 35, 85
Limpeza das cartas 16
Louco, O 39, 40-1
   determinando a melhor
   ocasião com 29
e A Estrela 75
e A Força 56
e A Imperatriz 47
e A Justiça 63
e A Lua 77
e A Morte 66
e A Roda da Fortuna 61
e A Sacerdotisa 44
e A Temperança 68
e A Torre 73
e O Carro 54
e O Diabo 70
e O Enforcado 64
e O Eremita 59
e O Imperador 49
e O Hierofante 51
e O Julgamento 80
e O Mago 42
e O Mundo 82
e O Sol 78
e Os Enamorados 52
Lua 29, 35, 76-7

M
Mago, O 29, 42-3
Marte 35
meditação com as cartas 14
Mercúrio 35, 42
Morte, A 29, 66-7
Mundo, O 29, 82-3

N
naipes determinar o tempo
   com 28
e os elementos 34
Naipe de Copas 86-99
Naipe de Espadas 128-41
Naipe de Ouros 114-27
Naipe de Paus 100-13
Netuno 35
numerologia e tarô, A 30-1

O
obstáculos e bloqueios,
   feitiço com o tarô para
   superar 163
oráculo versus tarô 19
Ouros, naipe de 28, 34, 85,
   114-27
Ás de Ouros 114
Cavaleiro de Ouros 125
Cinco de Ouros 118
Dez de Ouros 123
Dois de Ouros 115
Nove de Ouros 122
Oito de Ouros 121
Quatro de Ouros 117
Rainha de Ouros 126
Rei de Ouros 127
Seis de Ouros 119
Sete de Ouros 120
Três de Ouros 116
Valete de Ouros 124

P
Paus, naipe de 28, 34, 85,
   100-13

Ás de Paus 100
Cavaleiro de Paus 111
Cinco de Paus 104
Dez de Paus 109
Dois de Paus 101
Nove de Paus 108
Oito de Paus 107
Quatro de Paus 103
Rainha de Paus 112
Rei de Paus 113
Seis de Paus 105
Sete de Paus 106
Três de Paus 102
Valete de Paus 110

P
Peixes 35, 85
perguntas, escrevendo 146
planetas regentes 34-5
Plutão 35
preparação 144
prosperidade, feitiço com o
   tarô para atrair 156
proteção com o tarô, feitiço
   de 155

R
rituais e feitiços 152-71
Roda da Fortuna, A 29,
   60-1

S
Sacerdotisa, A 29, 44-5
Sagitário 35, 85
Saturno 35
significadores 146

sim ou não, perguntas do tipo 33
simbolismo 26
Sol, O 29, 35, 78-9

T
tarô *versus* oráculos 19
Temperança, A 29, 68-9
tempo, o tarô e o 28-9
Terra 34, 85
tiragens de tarô 142-51
Cruz Celta 143, 150
lendo para si mesma e para outras pessoas 144-47
tiragens com três e quatro cartas 149
Torre, A 29, 72-3
Touro 35, 85
Trunfos *ver* Arcanos Maiores

U
Urano 35, 40

V
Vênus 35
Virgem 35, 42, 85

W
Waite, A. E. 150
Waite-Smith, baralho 13, 19, 26

AGRADECIMENTOS

Quero aproveitar esta oportunidade para agradecer imensamente a todos que tornaram este livro possível. Essa foi uma jornada incrível! Em primeiro lugar, gostaria de agradecer a você, leitora, bem como à incrível comunidade do perfil Witch of the Forest, do Instagram, por seu amor e apoio contínuos. Significa muito para mim o fato de você ter reservado um tempo para ler este livro. Sem você e seu apoio, nada disso seria possível e sou grata a você além das palavras.

Sou muito grata a todos da Leaping Hare Press e da Quarto, por todo o apoio e trabalho árduo, especialmente Chloe, Mel e Lydia por acreditarem em mim, assim como Viki, que continuou a dar vida às minhas palavras com suas belas ilustrações. Eu passei momentos incríveis trabalhando com todos vocês e sou muito grata a todos por ajudarem a tornar este sonho uma realidade.

Quero agradecer à minha família por todo o amor e apoio inabaláveis, principalmente minha mãe e meu pai e minha linda irmã de alma Rachael. Vocês me ajudaram a acreditar em mim mesma, mesmo nos momentos em que duvidei das minhas próprias habilidades.

1

PASSADO